JN154898

エックハルト〈と〉ドイツ神秘思想の開基

マイスター・ディートリッヒからマイスター・エックハルトへ

長町裕司
Y u j i　N a g a m a c h i

春 秋 社

故人である父とわたしの母に本書を捧げる

エックハルト〈と〉ドイツ神秘思想の開基　目次

エックハルトの著作からは、以下の略式表示と略号をもって引用されるものとする。

DW…Meister Eckhart, Die deutschen und lateinischen Werke, hrsg. im Auftrage der Deutschen Forschungsgemeinschaft, Abteilung I: Die deutschen Werke, hrsg. von J. Quint und G. Steer, Stuttgart 1936 ff. 後続する大文字ローマ数字は巻数、S. は（同巻内での）当該頁、Z. は（その頁での）引用する行を挙示する。〔　〕内は、同巻における近代ドイツ語訳の該当頁。

LW…Meister Eckhart, Die deutschen und lateinischen Werke, hrsg. im Auftrage der Deutschen Forschungsgemeinschaft, Abteilung II: Die lateinischen Werke, hrsg. von J. Koch, H. Fischer, K. Weiß, u.s.w., Stuttgart 1936 ff. 後続の略号表示は DW の場合と同様であるが、n. はパラグラフの番号を示す。〔　〕内の表示は、LW に関しては用いられない。

In Exod…Expositio Libri Exodi（in: LW II, S. 1-227）.

In Gen…Expositio Libri Genesis（in: LW I, S. 185-444）.

In Ioh…Expositio sancti Evangelii secundum Iohannem（in: LW III, S. 3-650 ）.

In Sap…Expositio Libri Sapientiae（in: LW II, S. 301-634 ）.

Prol. gener.…Prologus generalis in opus tripartitum（in: LW I, S. 148-165）.

Prol. op. prop…Prologus in opus propositionum（in: LW I, S. 166-182）.

Sermo…Sermones（in: LW IV）.

*ドイツ語説教やドイツ語での論稿（tractatus）を初め、エックハルトのその他の著述は、全タイトルをもって引用される。

エックハルト〈と〉ドイツ神秘思想の開基

——マイスター・ディートリッヒからマイスター・エックハルトへ

序の部

今日の思惟の境涯における〈ドイツ神秘思想〉の意義

此の度ここに上梓する運びとなった一冊の本は、今日の歴史的世界の諸状況を背負って生きるわれわれにとって、如何なる意義を有することができるのか——こういった問いかけをもって本著の前置きともなる〈序の部〉を著者が書き始める理由と動機には、確かに少し入り組んだ問題背景が関与している。然るにこの問題背景自体には、それをここで説き起こす叙述が本書の理解にとって役立つと展望できる限りで言及するよう留めたい。と言うのも先ずもって読者諸氏に、こういった〈序論〉のようなものを通してでも予め受け止めておいていただきたいと願う著者の核心的な問題提起と問題の諸次元をできるだけ単刀直入に呈示することが、全くもって本筋であるに相違ないからである。ただ同時に著者が憂慮せざるを得ないのは、本書が主題とする〈ドイツ神秘思想〉なるものへの接近路に纏わりつく多重的な困難をこの〈序の部〉を開陳する上で既に抱え込まざるを得ないという本質的事情が存する点である。確かに一方では、ドイツ神秘思想への接近と理解を困難にするのは、今日の歴史的精神状況において顕在化した時代趨勢の規定諸要因によるとも言えよう。けれども他方でここでの叙述は、われわれがそこに於いて生きていると了解されている歴史的世界という変動態自体〈と〉ドイツ神秘思想を通してこそ卓越して開き示される自己の在り処が如何なる関わりへと自得されるかという最も根元的な問いを考え抜く道へと読者が共に導かれることなくしては、当のドイツ神秘思想の生ける脈動に接する可能性を立て塞ぐという切迫度を増してくる事態に賭されている。そして正に、このような二重の窮境の内にあることの自覚から、今日の歴史的境涯における思惟そのものが翻って問題化するのである。

さて以上のように〈序の部〉が開設されるための全体布置（Gesamtkonstellation）についての言及が為された後で、それでは「〈今日の歴史的境涯における思惟〉が問題化する〈ドイツ神秘思想の意義〉とは?」と改めて問い直すならば、その応答は以下の三つの主題において自らを呈示してくる。

何を置いても先ず、(1) ドイツ神秘思想は今日の思惟の境涯に対して、**真に人間的‐人格的な〈自己〉の成立を問いかけると共に、その成立の在り処を照明してくる**。真の〈個〉とは、如何にして成り立ちゆくのか?　――このような問いかけは、凡そわれわれの日常意識とその自己理解からは全く縁遠く乖離しているものの、今日を生きるわれわれに浸透しつつある精神状況を振り返って省察してみるならば、それがどれほどの重みとアクチュアリティーを有し決定的意義を示すかが判明してくる。ここではそういった省察のための出発点を、日独文化研究所　年報『文明と哲学』創刊号（燈影舎、二〇〇八年十一月）に「創刊記念特別対談」として掲載された上田閑照氏と大橋良介氏（聞き手）との対談の中に見出したい。その後半部で、今日の時代趨勢の〈止《とど》め難い勢い〉に身を置くわれわれに要請されてくる〈破滅の覚悟〉について、大橋氏より「問題の重要性は強く感じます」という同意とともに再度問われる文脈の中で、上田氏は次のように改めて語りを次がれる。

現在、社会的な意味で言われる個は、ほとんど意味がないほど摩滅した形になっていますが、その中だからこそ、社会の底を突き抜けた真の個となることが要請される。個は無からの個として無限の可能性を持ち、現在ほど個が大きな意味を持ち得る時代はないとまで私は考えています。（前掲年報、一九頁）

実は、〈真の個〉への自覚のための思想的基盤を覆い隠し、またとりわけ近代的アイデンティティーの確立を謳歌した西欧近代哲学の〈自我〉や〈主観〉を人間の自己理解の座としたのでは、全くもってここで上田氏が問題としておられる思考脈絡に参入してゆくことはできない。「社会と個人」という、通常われわれの自己意識の生成‐発展史とその確立を問題化し説明する相互限定的な対比図式を打ち破る無基底的な根柢からの〈人格的個〉の成立を開明したのは、正に――西洋の哲学史的伝統とは一歩異質なところで思索した――西田哲学であった。

個は全体の一員であると同時に、単に全体の一員ではない。個はあくまで個である限り、西田先生の言葉で言えば「無から」の個でありつつ、「個は個に対することによって個」です。そこで初めて真に個と言えます。社会そのものはとどめがたい動きだけれど、その中の個は、社会の底を突き抜いている。そういう個であるあり方が、個にとっては、個としては可能なのです。世界を変えようというのではなくて、自分ではこうすることができる、自分はこうするということ。そしてそういう個と個が響きあって、表面の動かし難い勢いの社会の底に――私はこれを地下水脈的と呼びますが――、非制度的に自発的に成立した小さな生きた共同体が成立する。これは現在でも事実可能です。地下水脈的なところがあるから、まだ表面が成り立ち得ているわけです。しかし、その表面と地下水脈との落差は非常に大きい。それだけに、表面が実際に陥没したとき、個が、個と個の響きあいが事実大きな意味を持ってくると思います。（前掲年報、一八―一九頁）

では、ドイツ神秘思想の潮流にはここに提起されているような――そして西田幾多郎の思索境涯とも呼応して、生産的対話が開かれる――〈真の個の覚醒〉の在り方を照射する思想脈絡の核心が見いだされるのであろうか？　この〈序の部〉では、ドイツ神秘思想の源流を開設したマイスター・エックハルト（Eckhart von Hochheim, ca. 1260-1328）についての挿話、しかも〈伝説〉として伝承された一つの挿話とそこからわれわれに向けて教示されてくる内容への著者の解釈をもって、この問いかけに対して暗示的に応答しておくに留めたい。

かつてスイスの文芸学者プファイファー（Franz Pfeiffer, 1815-1868）によって編纂された二巻本からなる『十四世紀のドイツ神秘思想家たち』の第二巻は、マイスター・エックハルトのドイツ語説教と諸論稿の当時としては初めての大がかりな収集であったが（*Deutsche Mystiker des 14. Jahrhunderts in 2 Bänden*, II: Meister Eckhart, hrsg. von Franz Pfeiffer, Nachdruck der Ausgabe Leipzig 1857, Aalen 1962）、その第三部には「箴言集」というタイトルで諸々の伝承された断片や逸話が集録されている。その六十九番（ebd., S. 625）にある小さな挿話は、エックハルトの血脈を引く〈個と個の響きあい〉の理解にとって的確なイメージを刻み込む内容を呈示しているので、ここに取り上げてみたい。邦訳は、〈マイスター・エックハルトの娘〉と題して相原信作氏の古典的となった格調高いものがあるので、その全訳をここに引用させていただく。

マイスター・エックハルトの娘

娘が説教僧団にやって来てマイスター・エックハルトに面会を求めた。門衛が、「誰からと言って取次げばよいのですか」と尋ねた。すると彼女は言った、「何と申してよいやら……」。そこで彼が、「なぜあなたにそれが解らないのですか」と言うと、彼女の答えは、「私が少女でもなく女でもなく夫でも妻でも寡婦《かふ》でも処女でもなく、また主人でも下女でも下僕でもないからです」というのであった。門衛はマイスター・エックハルトの所に行って言った。「今まで聞いたこともない不思議な奴です。来てごらんなさい、御伴《おとも》いたします、御頭《おつむ》をつき出して、『わたしに用のありなさるのは、誰方じゃ』ときいておやりなさいませ」。そこで師はそのようにされた。するとその娘は、さきに門衛に言った通りを繰返すのであった。

そこでマイスター・エックハルトはいわれた。「愛する子よ、お前さんの言葉は真実で意味深重だ、お前さんの考えられるところを、もう少し詳しく私に説明して下さらないか」。これに対して彼女は次のように言ったのである、「もし私が少女でしたら、私はまだ最初の無垢の状態のままでいるでしょう。もし、女でしたら、私の霊魂の中で絶え間なく永遠の言葉を生み出しつつあるはずです。またもし私が男であるとしたら、私はすべての害悪に対して雄々しく戦っているでしょう。また妻でしたら、私は唯一人の愛する夫に忠を守っているはずです。またもし私が寡婦だったとすれば、私はたえずたえず私が愛したたったひとりの人のことを思い憧れているでしょう。もし私が処女であれば、私は敬虔な忍従の中にいるに相違なく、またもし下婢ならば私は私自身を謙虚に神と一切の被造物とにささげ切っていたはずです。そしてもしまた私が下僕であったのでしたら、私は重い労働に服しつつ黙々として私の全意志をもって私の主人にお仕えしていたでしょう。ところが私はそのいずれのひとつでもなく、また、一つのものでもあれば他のものでもあるのです、私はそういうものとして歩んでいるものです」。

そこで師は立ち去って弟子たちのところに行って申された、「私は、今まで出会うことができた人間の中でもっとも純粋な澄み切った人間の言葉を聞いたような気がする」。（M・エックハルト／相原信作訳『神の慰めの書』講談社学術文庫、一九八五年、三二三─三二四頁）

この挿話でエックハルトを訪ねてきた（外見上は娘に見える）人は、自己を一定の特質において特徴づけ得るような言葉を持たない。しかし、単に肯定的定立をもって自らを述定し自己主張（言明）する言葉が成立する圏域がこの人の純粋第一人称（「私」）に当てはまらないのみならず、そもそもこの人の〈自覚化された自己〉は限定され得る意味空間の内に生まれもせず、育っても開顕してもいない。「少女」も「女」も「男」も「妻」も、その他「寡婦」や「下婢」など一切の述語づけは、存在するものを場所とする有意義性連関からの〈私〉の自己理解を表明しようとする記述である。このように世界─内─存在を足場とする自己述定は、単に或る観点においては一定のパースペクティヴを開く肯定的定立であり得ているようだが、実は自らに固有な自己（純粋一人称である「私」）の存立は以上のようなどの述語づけ及びその集積によっても埋め尽くすことはできず（引用テキストの末部で、「一つのものでもあれば他のものでもあるのです」と表明される）、存在するものの場を基点とする限りでのこのプロセスは無際限に続行される他ない。ところがエックハルトと対面した「私」は、その由来も自己の自覚の在り処も本来的には世界─内─存在を場所としているのではない（これも引用テキストの末部で、「ところが私はそのいずれのひとつでもなく」と先立って表明されていることに注意）。むしろこの「私」は、〈無窮の動性〉に貫徹されており、その無限な開けにおいて絶えず生まれつつ根を下ろして住まうものである。従ってそのような自己の自覚の表明は、あらゆる類概念や種概念の一般性を含め、世界内部的な意味連関からの一切の述語づけを超絶している。師（エックハルト）は、上述したような〈自己の在り処〉が対面者を通して語り出す言葉を「今まで出会うことができた人間の中でもっとも純粋な澄み切った人間の言葉」（同書、引用テキスト末部）と讃嘆する。そこに於いてテキストから、人間的なるものの固有化が決定性を得る究極的場所の開けを共に生きているという共鳴が反響してくる。エックハルトの〈真人〉は、正にこの対面者の「私」にその精神的境涯の〈娘〉を見出したのである。

さてこのような「私」の自覚が成立し貫徹される場所とは、エックハルトにとっては絶えざる無窮の動性が開顕する〈神性の無〉と理解され見極められているが、この〈無の場所〉こそが真の個の自覚が可能となる根柢であることは西田幾多郎（一八八九―一九四五）の宗教哲学的根本洞察でもあった。その意味で、「私」の自覚がそこに於いて透徹される「場所」から思想上の共鳴までも聞こえてくる。自己の自覚の深まりの根柢が究明されるならば、その根柢とは如何なる一般者による包摂（従って、述語づけ）をも拒絶する「絶対無の場所」であることを西田の思索は剔抉する。そして〈個と個が響きあう〉共同性への覚醒は、先ずもってわれわれが相互に人格的自己で在ることと軌を一にして深く連繋する課題であるならば、「私が私の底に汝を見、汝が汝の底に私を見る」というような〈絶対の非連続の連続〉が躍動している「絶対無の場所」から成り立ってくるものに他ならない（西田幾多郎『私と汝』一九三二年を参照）。〈私と汝〉という「個に対することによる個」の対向性は、同じ日本人であるという共通性からも、同世代や「同期の桜」、また同郷とかクラスメイトであることの相互性、更には男同士等々といった、具体的人間存在を特徴づける一般性の述定に包摂される如何なる「於いて在る有の場所」からも成立してこない。〈私と汝〉は、絶対的断絶に貫かれている無の場所を根柢としてのみ、そしてその最普遍的な〈宗教的〉と言う他ない根柢からの歴史的限定としてのみ、その都度開かれ得る事態なのである。

さて、(2) ドイツ神秘思想と言えば——この〈序の部〉の冒頭にも少し触れたが——、ドイツ精神史及びキリスト教思想史の探求者・研究者ならばその特質について何らか根本的なことも捉えているかもしれないが、今日の日本における社会的教養意識にとって、また読書家層にとってさえ、近寄り難い「秘境域」のようにヴェールに包まれたままの趣きがある。そればかりでなく、ことカトリック教会内の通俗的とも形容できる一般意識と信仰理解にとってまでも遠く隔たった全く異質な代物とさえ言えるであろう。その定礎となったマイスター・エックハルトについても、彼は教会史上の異端宣告（一三二七年末から一三二八年早春の間でのエックハルトの死後、一三二九年三月二十七日付のヨハネス二十二世の教皇勅書『主の畑において In argo Dominico』により）を以って、いわゆるカトリック教会の〈聖なる伝承〉にはその著作も宗教思想も更に霊性からの脈絡も帰属しないものとなって排斥されたのである。然るに、その霊的弟子と言える福者ハインリッヒ・ゾイゼ（Heinrich Seuse, 1295/97-1366）の著作活動やヨハネス・タウラー（Johannes Tauler, ca. 1300-1361）の説教活動を通してエックハルトの霊的–思想的遺産が伝承され、その影響作用史が時代を架橋して地下鉱脈のごとく、近現代のヨーロッパ宗教哲学の進展に大きく及んでいる精神史上の布置に目を閉ざしてはならない。そこで第二の主題となる問題領域は、**西洋のキリスト教思想史の内部からの〈突出せる非連続面〉としての生産的–創造的意義**を今日におけるキリスト教的霊性の刷新的活性化と信仰理解の深化へ向けて問い直すという、キリスト教の歴史的命運からの内的パースペクティヴを形成する。例えばクルト・フラッシュ（Kurt Flasch, 1930- ）は、その生産的–創造的意義を総括的に「（十三世紀までのスコラ学の枠組みにおける）欠陥のある哲学的概念構想による障害からキリスト教的自己理解を守るための、新たな理論的哲理の展開」（Kurt Flasch, *Dietrich von Freiberg und Meister Eckhart — Denker des christlichen Selbstbewußtseins*, in: Meister-Eckhart-Jahrbuch Bd. 5 »*Was denkt der Meister? Philosophische Zugänge zu Meister Eckhart*«, hrsg. von R. D. Schiewer, R. Schönberger und S. Glotz, Stuttgart 2004, S. 1-12; S. 1）と特徴づける。然るに、知性の自立–自発的で能産的な自己構成的活動を十全に究明してゆく視点がヨーロッパ近代哲学における自己省察（その超越論的問題構制が成立する在り処）を先取る序奏を成しているという見解は肯首できるとしても、「従来の諸伝統の概念構想的な変革と修正」（ebd., S. 2）と銘打たれる思考動向を看て取る理解地平の先導性からの射程からのみで「キリスト教思想史におけるドイツ神秘思想の生産的‐創造的意義」の全振幅を照射し得るのかは、厳密な吟味と更なる考究を必要とするであろう。

（そのための準備段階として問われて然るべきなのだが）エックハルトによって開闢した霊的‐思想的系譜は、精神史においてどのような展開の軌跡を描くことになるのか？――先ずは思想的内実の発展的継承という点で、同じドミニコ会からゾイゼとタウラーという、両者それぞれに異なる独創性を示す神秘思想家・説教者を生み出した。前者にあっては、魂が神に至る道程としての霊的修練を「受肉せるキリストのまねびとしての受苦（compassio cum Christo）神秘主義」の様相において血肉化することを通して、エックハルトの教説と霊的遺産を具現化する。その際神秘的知（das mystische Wissen）の階梯は、普遍化可能な理論的‐思弁的側面及び道程として具体化される神秘的生活実践との側面の統合に向けて叙述されるが、この方向はカトリック教会の正統的教理と宥和する枠組みへの接近と言えよう。他方後者の場合には、その説教収集（Predigtcorpus）を通してのみ思想的諸要点の際立ちを知ることができるが、「霊魂の自己認識」や「神秘的な三段階の道の教説」等の霊的修養のための豊かな諸テーマへの広がりが見出せる。タウラーの思想的中核には、エックハルトの影響の下に〈魂の根柢（Seelengrund）〉についての一層精微な言明の展開が存するが、これにはベルトルト（Berthold von Moosburg, ?-1361）の刷新的な新プラトン主義註解の思考過程が濃厚に作用している。タウラーの説教活動は、十四世紀中葉の無名の著者による『ドイツ神学（Theologia Deutsch）』と共に、エックハルト的遺産をドイツ語圏において息長く根付かせる精神史的意義を刻印した。

後世への射程の長い影響作用史という観点からすると、十五世紀において近世前期への岐路に立つニコラウス・クザーヌス（Nikolaus von Kues, 1401-1464）には際立った地位が認められねばならない。エックハルト的遺産からの影響は、超越論的諸名称（nomina transcendentia）の意味規定を初めとして初期クザーヌスの形而上学的問題構制に既に顕著に見出せるが、その理論的組織法における影響関係への立ち入った研究は今後の課題であろう【特に、『観察者の指針、すなわち非他なるものについて（Directio speculantis seu De non aliud）』（一四六二年）以降の、クザーヌスの最後期著作群に潜在的なエックハルトの思想遺産からの如実な影響関係の解明は、本書の著者には必須の課題と思われる】。ドイツ神秘主義の遺産の地下鉱脈は、更に北方ルネッサンスの精神的興隆期には広範囲に影響力を発揮したヤーコプ・ベーメ（Jakob Böhme, 1575-1624）の宇宙論的構想を持つ神秘主義（神智学 Theosophie）を生み出す一方、例えば詩人アンゲルス・ジレジウス（Angelus Silesius, 1624-1677）の代表的詩集『天使のようなさすらい男』の内に結実したりする。このように、ドイツ神秘主義の地下水のごとき潮流は諸々の消尽線を描きつつ、十八世紀には啓蒙主義的合理性との拮抗関係において一つの運動を形成した所謂ドイツ敬虔主義（Pietismus）へと流れ込む。これまで簡略に素描したような影響作用史と宗教的情操の内面化の道を辿るドイツ的心情（Gemüt）を基底として、十八世紀末から十九世紀前半にかけてはドイツ観念論の強靭な思惟体系が開花するのである。哲学史家ハインツ・ハイムゼート（Heinz Heimsoeth, 1886-1975）の言葉を借りるならば、「……エックハルトのこの新しい教説が及ぼした成果は、スコラの体系の歴史のうちに記録されることもなく、新時代の代弁者たちによって評価されることもなかった。しかしそれは、様々な、いわば地下的な成り行きにおいて、形而上学の歴史に対して非凡な意味を持つのである。エックハルトの思想の遠心力は、フィヒテ、シェリング、ヘーゲル、ならびに彼らの体系の〈発展史的な汎神論〉にまで届いている。十九世紀のこの時期において、その思想は最後の頂点を見出したのである」（Heinz Heimsoeth, *Die sechs großen Themen der abendländischen Metaphysik und der Ausgang des Mittelalters*, Berlin 1922 , Nachdruck der unveränderten 3. Auflage, Darmstadt 1987, S. 31）。——本書本篇において著者は、たとえ伏線としてであっても、このような思想史上の影響関係に思考脈絡上可能な限り説き及ぶように努めたつもりである。

だが更に、(3) 今日の時代を画する歴史的世界の精神的状況においてこそ、問い究められることが要請され、また——東西の文化的伝統に通底する熟練を経た思惟を通して——可能ともなりつつある**〈普遍的神性を巡る問題連関〉**は、ドイツ神秘思想との新たな段階での対話および対決を契機とする〈思想進展のドラマ〉を必要としている、と明察されよう。長らくドイツのミュンヘン大学で教え二〇一五年に死去した著名な社会学者ウルリッヒ・ベック（Ulrich Beck, 1944-2015）は、その一つの著書»*Der eigene Gott. Von der Friedensfähigkeit und dem Gewaltpotential der*

Religionen, Frankfurt a. M. und Leipzig 2008«（邦訳――鈴木直訳『〈私〉だけの神――平和と暴力のはざまにある宗教』岩波書店、二〇一一年）において、「ポスト世俗化の趨勢」にある近代社会の状況が「宗教の個人化とコスモポリタン化の同時進行の過程」を著しく推進しつつあることを、広汎な社会的事象データの分析と事態の深層部への洞察をもって見事に暴き出している。「宗教の多元性」が地球的規模で自覚化されてきていると共に、異教徒や非宗教者などの（更には無神論者や原理主義者をも含む）「文化的他者」を取り込むコスモポリタン的メンタリティーの浸透が新たに刷新された宗教的スピリチュアリティー（霊性）を自発的に希求している。ベックは、宗教社会学の立場からは無論それ以上に組織的問いを展開させないのだが、宗教哲学的に改めて究思されてよいのが〈普遍的神性の問い〉であろう。

こうした精神史的時代状況への洞見から、「今日のわれわれが正に希求しているスピリチュアリティー」に向けてドイツ神秘思想が語りかける核心的内実を聞き取ることができる。ドイツ神秘思想の際立った思想的境位については、いわゆる京都学派の継続発展における中心的役割を担うと同時に戦後の日本が生んだ卓越せる宗教哲学者であった西谷啓治（一九〇〇―一九九〇）の叙述に極めて鋭く適格な箇所が見出せるので、先ずは参照しておくことにしたい。

宗教一般における特殊性の強調に対して、神秘主義の場合には、あらゆる宗教に共通して現れているということがその著しい特色をなしている。すなわち神秘主義には普遍性に立つということが本質的に含まれているのである。もっとも過去の神秘主義においては、このような点は未だ含蓄的（implicit）な形にとどまっている。しかし神秘主義における普遍性の立場は、もともと普遍性に立脚して成立してきた近代の宗教学の立場と共通したところがある。西洋の神秘主義のなかでは、特にドイツ神秘主義にこのような普遍性の立場が非常に深められた形で現れている。勿論ドイツ神秘主義といえどもキリスト教神秘主義の流派であるから、キリスト教という特殊的な立場に基礎をおいているということは言うまでもないが、しかしキリスト教における間接性の諸契機の枠組で取り囲まれた中から神秘主義の立場が出現しえたということは、中世後期とは違った形ではあるけれども、現代においても尚大きな意味をもちうると考える。（初出『ブディスト』第七号／第八号、一九八一年一月／四月。上田閑照編『ドイツ神秘主義研究』創文社、一九八二年、三一二五頁、一三頁に所収）

西谷はここで先ず、歴史的宗教が有するその生成史における特殊環境という条件に関してのみならず、教義的内容や宗教的実践の伝統を伴った一定の特殊性を背景としながらも、神秘主義の普遍性の立場が〈ドイツ神秘主義〉という最も深化され顕現化した形でキリスト教の内部から出現し得た事を述べる。キリスト教の伝統的教義においても信仰実践にとっても、救いの絶対的仲介者への信仰告白、教会存在の信仰媒介的機能、使徒伝承の正統な継承といった「間接性の諸契機」は本質的要素である。ところが、このような間接的諸契機の枠組みを本質的要素として含みながら、その枠組みを超え出るキリスト教神秘主義に固有な直接性の立場が成立してくるのである。このような宗教哲学的な深化がドイツ神秘主義独自の普遍的に開顕するロゴスを生成せしめる、と著者は考えるのだが、そこにはまた特定の思想史的状況が濃密に作用している。ドイツ神秘主義の思想史的状況の全体布置については、西谷が別の論述『独逸神秘主義』（一九四〇年）の中で適切に叙述している。

ここで、かの情感の横溢から理性の冷徹さ（Nüchternheit）への転換が、睡りと夢とから覚醒への転換として、即ち根本的な一歩の「前進」として理解されていたことは明瞭である。然もこの転換は同時に神秘主義そのものに於ける一つの転換であった。それは、スコラ学の信仰や認識の立場のみならず従来の神秘主義に於ける unio mystica の立場も超えて、理性又は精神がこの神秘的合一より更に一歩前進した所に再び自らの隠れた秘奥——それは後述する如くに神の秘奥である——に逢着し、そこに再び主体性とその自由を取り戻し、「自身の業」の実践的な生へ帰って来る、という立場を確立したのである。その意味で独逸神秘主義のうちに、中世の全思想史を通して何処にも見られなかった一つの新しい立場が打開されたといっても不当ではないであろう。〔……〕。かくして独逸神秘主義は、狭くは神秘主義の歴史のうちに一つの新しい転換を、広くはスコラ学と神秘主義とを包括した中世の全思想史に一つの新しい立場を、開いたのであるが、それには二つの事情が寄与していたと思われる。

その一つは、従来の神秘主義がアウグスティヌス主義のうちから発生したのに対して此の神秘主義がアルベルトゥスやトーマスから出発したということであり、他は曩に触れた如き此の時代に於ける自由な精神の解放である。（初出『世界精神史講座』第四巻、理想社、一九四〇年。上田閑照編、前掲書、二九―八〇頁、三八―三九頁に所収）

神秘的合一をも突破する〈精神の秘奥にして神の秘奥〉が生起する在り処が如何にして開闢するのか、ドイツ神秘主義思想の潮流はその現場に浸潤する「根本的で決定的な前進」を果たす。そこでその〈在り処〉とは、アウグスティヌスが既に「精神の秘所（abditum mentis）」と示唆した次元に相当し、エックハルトにおいては「魂の火花（vünkelîn）」または「人間の魂に内在的な知性的活動本質（ein vernünftic bekennelich wesen）」と一定の言語化がなされる。然るに、アウグスティヌスから一直線上に、なかんづく十二世紀までキリスト教神学上の主導的潮流であったアウグスティヌス主義に直結してドイツ神秘思想開化への道が通じているわけではなく、十三世紀ラテン中世におけるアリストテレス受容を経由してのキリスト教的神秘主義の新たな思想史的段階の出現としてこの現象を見定めなければならない。つまりここで、アルベルトゥス学派内部からのキリスト教神秘主義の〈転換〉、即ちドイツのドミニコ修道会における当時の精神的境涯を通してのドイツ神秘主義の成立と展開が視野に納められて然るべきである。ローリス・シュトゥルレーゼ（Loris Sturlese, 1948- ）は最近の著書の中で、既に大アルベルトゥス（Albertus Magnus,

1200-1280）自身が「ただ人間のみは、その内なる神的知性の光を通して、神と世界の間をつなぐ輪である」と語るテキストを遺していることを指摘している（Loris Sturlese, *Homo divinus. Philosophische Projekte in Deutschland zwischen Meister Eckhart und Heinrich Seuse*, Stuttgart 2007, S. 38-39. 尚、アラン・ド・リベラ著／阿部・水野訳『中世哲学史』新評論社、一九九九年、四九三頁以下の〈アルベルトゥス・マグヌスとドイツ哲学〉の項の叙述をも参照）。十一世紀から十三世紀初頭までの中世ヨーロッパに広範に見出された〈人間的条件の悲惨（miseria humanae conditionis）〉を焦点とする神学的–霊性的傾向に対して、アルベルトゥスのこのような言明は――確かにその表現自体は十四世紀以降のルネッサンス期を待たなければ未だ登場しないものの――〈人間の尊厳（dignitas hominis）〉の理念を基礎づける〈転換〉のための非連続面を準備している、と言えよう。尤も中世後期への移行にこの〈転換〉の諸モチーフを洗練し理論的に彫琢したのは、（ケルンを中心とするドミニコ会学派における）アルベルトゥスの弟子たちだったのであり、とりわけフライベルクのディートリッヒ（Dietrich von Freiberg, ca. 1240-1318/20）の決定的意義が今日ますます強調されている（ディートリッヒの思想情況と精神環境については、Kurt Flasch, *Dietrich von Freiberg. Philosophie, Theologie, Naturforschung um 1300*, Frankfurt a.M. 2007, S. 19-105 を参照）。ディートリッヒの知性論や像（imago）論から多大な影響を受けたドイツ神秘思想の主峰マイスター・エックハルトにおいては、人間の魂に内在的な知性的活動本質がその根柢を成す原像（Urbild）を通して根源である神との始原的一致へと回帰する本来的動性こそが、宗教的実存の絶えざる自己覚醒（「神の子の誕生」〉が湧出する〈生ける脈動〉であると語りだされる。

本書に含まれる諸論稿の内で、上述の三つの主題領域の中で、(3)の〈普遍的神性を巡る問題連関〉が考究を明示的に統制しているのは、第二論稿と第三論稿である。エックハルトの思想形成にとってのディートリッヒの縁戚関係に光を当てる上で、この〈序の部〉内で続いて《承前》という形式でディートリッヒ論稿を置くこととした。上述の(1)と(2)の両主題領域に込められた問題関心からのそれぞれの思想路線は、本著における本篇の叙述全体を通して読者各位が〈ドイツ神秘思想に独創的な思考内実〉を一歩一歩読み取っていただければ幸いである。

二〇一六年十一月

東京・四ツ谷の上智大学の学舎にて

著　者

承前

知性的活動原理における、〈神の像(imago)の在り処〉の究明

——ドイツ神秘思想成立の「理論的布石」としてのマイスター・ディートリッヒ

「決定的なことは、認識的真理、倫理的善、生物的‐審美的な種の適合性や有能性などではなく、人間が一つの像から形成されているということである。人間はその全体的形態において一つの像であり、しかもそのことは正しく、本質的で、明白である」（Romano Guardini, Grundlegung der Bildungslehre. Versuch einer Bestimmung des Pädagogisch – Eigentlichen, 1959, S. 23）

第一節　はじめに――主題開陳

ラテン中世において、ようやく十三世紀中葉に至って――カトリック教会の権威筋からの制度的攻撃を受けながらも――、その（霊魂論や認識理論にまで及ぶ）自然哲学関係の諸著作のラテン訳も含めて貫徹される〈アリストテレス受容〉を通しての問題構制の内で、新たに焚き付けられた「人間の知性に固有な存立を巡っての存在論的及び精神形而上学的論議」は、この時期に始まる思想動向を診断する上で不可欠の要因と言えるであろう。それは即ち、形而上学的に構造化される諸存在者の階層的秩序と神–人間–（存在者の総体である限りでの）世界を統一的に解釈するキリスト教信仰の要請の狭間における、人間知性の〈場所論〉と固有な可能性の射程の問題に他ならない。

十三世紀後半から十四世紀へと知の本質動向が非連続面を含んで大きく転移していく精神状況とも相俟って、特有の哲学的含蓄を有する「人間知性の自己理解」が中世盛期に成立したことを解明し、更にそのような理論的省察が可能となった地盤へと問いを遡行せしめる探求への取り組みがここでの課題である。このように「凡そ一定の理論的立脚点がそこから派生する始原的なるもの」への解体を経由する探求を通して、今日のわれわれの学的意識が自明のものとして前提してかかっている知と理性のあり方が歴史的に形成された一定の先行理解の下にあることの診断も可能となるであろう。

差し当たり本論稿では、十三世紀の巨頭アルベルトゥス・マグヌス（1200-1280）の下で学びその学風を継承しつつも、それぞれに独自の思考の境位において知性論を表明し得たトマス・アクィナス（1225-1274）及びそれに対峙してのフライベルクのディートリッヒ（ca. 1240/ 60–1318/ 20）の思想動向における思惟の前-理論的地盤の変動を問題としたい。但しここでは、アリストテレス的合理性及び概念構築を通しての新プラトン主義の存在-精神理解とキリスト教的神-人間観との総合の内に人間固有の知性の問題系を整合的に展開し得たトマスの理解地平をそれ自体として究明するといった課題は、その根本的な思惟諸要因の中からディートリッヒとの思想地盤の相異が際立つ連関に光を当てるだけに留める。（従って、トマス的知性論が成立する視座を全体として主題化せず、ディートリッヒの問題構制に関連して言及するに限定する。）トマスにおいては、一方では人間に固有な学の営みと経験に基づく知を通しての真理認識の遂行原理は、（人間精神よりも上位の現勢態にあるものとして実体化される）神的知性の無媒介な介入とはもはや理解されていない。同時に他方では、この認識遂行を司る神的契機（アリストテレスの能動知性）が知性の後天的な世界開放性を媒介とする自己認識の透徹を通して無尽蔵の神的源泉へのダイナミックな分有的遡行構造として見極められる視点が特徴的である。但しトマスの場合、自己認識の問題と相関する人間知性の分有的遡行構造は、精神的生の徳的‐習性的な自己形成及び恩寵による高揚の全コンテキストから裏づけられて理解されており、このように神学的人間論へと伸び行く包括的枠組みの主導性においてこそ知性の最高可能性（至福直観 visio beatifica）を問う問題構制が存立することになるのである。

さてディートリッヒの知性論は、十四世紀初頭には既にドミニコ会神学においては規範的意義を有していたトマスの組織法を吟味しつつ、その組織法の枠内でのアリストテレス解釈によっては取り残され隠蔽されてしまう、アウグスティヌス‐新プラトン主義的伝統及びイスラム哲学を通じての知性理解の深層を再生せしめるものとも特徴づけられる。然しながらディートリッヒの知性論の独創性と真価は、それ自体で現実活動的な概念的存在（ens conceptionale）としての知性の存立を自然的存在の範疇から区別することによって、アリストテレスの能動知性が力動的実体として「精神の秘所（abditum mentis ——アウグスティヌス）」とも名称化される在り処の（可能知性に対する）存在論的優位において規定されることに存する。我々は、この能動知性の規定から（可能知性への関係を含めた）知性の自己構成を見届ける理論的視点に立つのだが、この理論上の視点への転移がなされる思惟地盤をディートリッヒの『至福直観について（De visione beatifica）』と『知性と知性認識されるものについて（De intellectu et intelligibili）』の両著作を通して問い求めたい。

第二節　本論――フライベルクのディートリッヒにおける、知性的認識の「場所論」の究明

ディートリッヒの知性理解の刷新的で独創的な構図は、如何なる思考地盤もしくは思考要因の主導性の下に成立し展開可能になっているのであろうか？　この問いに端的に答えることへ向けての考察の道程が呈示されるために、批判版全集[1]が刊行されるに及んでのここ三十余年来のディートリッヒ解釈史に学ぶところから、先行的に幾つかの思考の消尽線（Fluchtlinien）を描き出すことができよう。先ずは、神学的動機がディートリッヒの革命的な哲学的知性論の構想を先導していると見る解釈視点は重要であり、充分に吟味する必要がある。[2]十三世紀末に（おそらく一二九〇年以後の数年内に）起草され、比較的初期の著作に属する『至福直観について（De visione beatifica）』は、「神へ向かう合一（unio ad Deum）」を主題の枠組みともしており、神学的に裏づけられた人間の尊厳の可能根拠を哲学的知性理解の透徹から開明する構想と言える。[3]〈至福直観の様態について（De modo visionis beatae）〉という表題の下に締め括られるその結末の部分は、「かの至福なる直観は、われわれにおいて能動知性に即して無媒介的に神へのわれわれの合一によって完全化されるところのものか」という問いかけを以って始まる。人間の最終的規定として

の究極的救済への関心に基づく「至福の可能性とその様態」の考察は、当然既に一二世紀／一三世紀の体系的神学が存分に展開したコンテキストに他ならない。ディートリッヒは、この中世スコラ学の神学的枠組みを肯定的に活用しつつも、「神への合一」の場所論的究明を**知性それ自身に内在的な精神形而上学の遂行として**（即ち、形而上学によってのみ切り開かれる思惟領域が同時に、時間的‐運動的な自然事物へと外的に方向づけられていない知性の自立的〈自己〉成立から展開されるところのものとして）貫徹するのである。[4] この点でディートリッヒの究明の独自性は、その始原（＝発出 procedere）からして第一の根源なる神と能動的に直接性において形相的な同形性（conformitas）に立つ知性（本質的に知性であるところの人間の内なる「能動知性」）の成立の在り方を明らかにする問題構制に収斂する。それ故『至福直観について』の考察全体の基礎は、〈神への秩序づけにおける能動知性（intellectus agens in ordine ad Deum）〉という表題の下に置かれる。[5] 他方われわれがそれであるところの存在者は、（種別的かつ個体的存在者としては）能動知性と形相的に一致しているわけではない（De vis. beat. 2. 1.（5）（6））。ここに、ディートリッヒの至福論の構想が拠って立つ地盤が見出せる。我々はこの主要なポイントを以下に、「神の像（imago）」についてのディートリッヒの独創的解釈を示すテキストの分析から出発して論じることにしたい（後述、第一項）。然るに、ディートリッヒが知性に固有な厳密に存在論的な身分（status）をアリストテレス的能力論の一般的構図から脱却して（De vis. beat. 1. 1. 8（6））――即ち「可能態からの現実態化がなされるプロセスが依拠する限りでの〈受容性モデル〉が知性には妥当しない」として――

追究する上で、哲学に内在的な根本要因が更に解明されねばならない。ディートリッヒの知性論は、アリストテレスのカテゴリー秩序の外部に展開される（De vis.beat. 4. 3. 4 (6)）のみではなく、むしろカテゴリーによって規定され得る自然的存在者の領域に先立って自然的存在性の現出から存在論的に独立した根源領野を主題化するものであり、同時にこの根源領野自体が自らをロゴス的に分節化する構図なのである。そこで、「その恒久性（sempiternitas）において原初的-自発的に活動的な〈本質による知性〉の認識遂行」というディートリッヒの根源的洞察から——トマスの組織法との根本的差異において——どのような哲学的な現実-存在理解の枠組みが生成してくるのかが問われねばならないであろう（後述、第二項、第三項）。

第一項　神の imago の在り処

差し当たってディートリッヒの中心テーゼは、次のように定式化される——「神の像（imago）は、本性的にはその原型に対して実体的同形相・相等性（conformitas substantialis）を有する能動知性のみに見出されるのであって、可能知性を含めて所謂すべての霊魂の諸能力には（原型の本質から由来するのではない）付帯的（accidentalis）対応においての完全化を必要とする類似（similitudo）が存するのみである」。この定式化されたテーゼが表明する限りでの „imago–similitudo“ の区別は、中世の聖書解釈と創造論を通して繰り返し問題とされた『創世記』第一章二六–二七節を典拠とする解釈であるが、その含意するところからの導出を全く超え出ている。

„Imago"は本性のレヴェルでの（第一の根源たる）神との本質的結合を意味し、「像（imago）化されたところのものは、他における自ら自身であるかのごとくに、自らの imago を表出している」（De vis. beat. 1. 2. 1. 1. 6. (2)）。何故ならば、この表出（expressio）においては、imago とは本性の固有性もしくは imago 化されるものの本質に即して〈成る〉ところのもの、その本質に即して代理となるもの（repraesentativum）だからである（ibid. (6)）。即ち imago が構成されるのは、その起源であるところの原型（imago 化されるところのもの）への本質連関における同形相性・共実体性（consubstantialitas）においてであり、この事態はまた「本性もしくは本質の数による同一性」としての（如何なる外化する関係も含まない）形相的流出としてのみ理解されることになる（De vis. beat. 1. 1. 1. 1. (3)）。これと相違して類似（similitudo）は、付帯的レヴェルでの（可能知性をはじめとする）諸能力の活動化及び習性-徳（habitus）の形成に見出せるのであって、このレヴェルでは（ディートリッヒに従っても、トマスと協調しつつ）人間精神の恩寵（gratia）による高揚と栄光化について語ることにも意義があると言える（De vis. beat. 1. 1. 1. (2) (5)）。Imago が内在的実体性（intrinsecum substantiale）に即しての神への無媒介的で近接した合一化と理解されるのに対し、similitudo を通しての接近（approximatio）は何らかの外来的に付加された形相規定に即してなのである（cf. De int. II 32 (3)）［実体（substantia）、原因性（causalitas）及び個別者（individuum）といった規定性が本質による知性である能動知性に固有に相応しいのは、自然事物に定位した後天的概念の拡張もしくは単にレヴェルを上昇化する転用によるのではない。これらの普遍的諸規定の現実態性は、逆転した様式で（modo converso）本来的に知性自体の本質において見出されるのである（De int. II 14 (2)）。例えば「実体」という規定は、能動知性には固有に（proprie）当てはまるが、可能知性にはただ適合するものとして（appropriate）帰属せしめられ得る、とされる（cf. De int. III 8; De vis. beat. 3. 2. 9. 2 (5)）。知性の個別者性については、更にDe int. II 13-18; III 9を参照］。『至福直観について』（1. 2）と『知性と知性認識されるものについて』（II 32-38）のテキストは、(a) imagoとしての能動知性に固有化される発出（processio）・流出（emanatio）について、及び、(b) imagoとしての能動知性の本質遂行（知性認識）の内実と射程に関して詳細な論述を提供している。

先ず(a)の観点に関して決定的なのは、**本質によって知性であるところの能動知性は**、その他すべてのものの創造が作用因に即して（＝原因は働きかけたものの外部に留まって結果を生むvirtus effectiva）であるのに対して、「**かの最高の最も形相的な本質から自らの本質が形相的に流れ出ることに即して**」である（De vis. beat. 1. 2. 1. 1. 7 (2)）、という主張である。神的根源からのこのような形相的‐知性的流出（emanatio intellectualis）はより高次で高貴なる様式として区別されるだけではなく（ibid.）、〈自己活動的発出〉と理解されなければならない。即ちimagoである限りでの発出は、その発出の根源（principium）を認識する遂行による自己活動態であり、「このような知性認識遂行がその本質の発出と受容そのものなのである」（De int. II 34 (2); cf. De vis. beat. 1. 1. 3. (3)）。従って、能動知性は自らの活動において発出する。能動知性は、その発出において自らの在り方を自発的活動態として受け取るため、そこから発出が為される根源に対して受動的に規定されているのではない。「能動知性がその本質を受容する」という語り方は、「その本質をより高次の諸々の根源から……活動として受容する」（De int. I 3（1）; II 37（2））といった文脈でのみ妥当する。更に、上述したような能動知性に固有化される発出は、『諸原因についての書（Liber de causis）』に見られるように（prop. 8; 9を参照）、原因の秩序（ordo causalis）の特質からも解明される。知性における原因の秩序の特質は、自然的存在者の根拠づけ関係の図式を当てはめることからは理解できない（De int. III 23）。原因づけられたもの（causatum）と原因づけるところの根源（principium causandi）は、たとえ全き依存関係において捉えられても、その際に相互に表象化されることによる差異化が生じる限り、この差異は「imago化される根源のimagoにおける内在」という能動知性の存立には妥当せず、imagoの完全な理拠（completa ratio）を満たさないのである［それ故、De vis. beat. 1. 2. 1. 1. 5での「第一の根源である神への還元（reductio）の様式（modus）」という問題構制からはimagoの在りかたは十全に規定できない。何故ならば、この還元という視点は既に外的な事象からの思惟を拠点としているからである（cf. De vis. beat. 1. 5.（6））］。

上述の論拠は更に、ディートリッヒが作用因性と目的因性を自然的存在者の存立を考察する自然（哲）学的考察法にのみ属する因果性として限定し、形而上学から除外する事態を帰結する。能動知性の活動態は、根源そのものが本質の最内奥の内在（immanens）であるので（De vis. beat. 1. 2. 1. 1. 7（3））、この内在的本質に対しては作用因や目的因は単に外的なものとして現れるのである。(6) この思考連関は更に、ディートリッヒの形而上学のコンセプトがトマスとの相異においても、形而上学の理念のアリストテレス的端緒から乖離する地点を明らかにすることになる。本論稿では主題的に論じる余地のないこの問題構制は、〈形而上学の存在-神論的(onto-theologisch)体制〉を争点として、(ディートリッヒとエックハルトとに共通する)〈神-存在論的(theo-ontologisch)な形而上学構想〉及び新プラトン主義の潮流における〈精神形而上学の刷新的自己規定〉へと連繫する。

(b)の観点からは、ここでは「能動知性が自らの本質を受容するのは、その根源を知性認識している自己活動態においてである」という、ディートリッヒの前述の根本主張の含蓄から開陳される以下の問題領域に留め置く。「(完全な理拠を満たす imago に他ならない)本質を受け取る」とは「本質の知性認識」を意味し、(認識する活動と本質が同一である)自己活動的な本質の認識は原初的・起源的に(imago 化されるところの)根源の認識に基づいている(De vis.beat.1. 2. 1. 1. 7 (2))。ディートリッヒは、知性的流出として固有化される**能動知性の活動態を**(**卓越した意味での**)「**或る**(**懐胎する**)**概念**(**quidam conceptsus**)」**として捉え**、さらにその「懐胎する活動態」によって――受容的に、しかし同時に自発的に――根源を知性認識しており、その認識において自らの本質の認識(自己認識)を基礎づける、と解き明かす。その際に能動知性は、第一にそして主要にその根源へと本質連関することにおいて(De int. II 37 (2))、第一義的に「神に適した(神を受け入れる praecipue capax Dei)」ところのものであり(De vis. beat. 1. 4 (1) (2) (3))(7)、この本質連関がその恒久の自己活動態に他ならないが故に、「根源からの知性の発出（processio）と根源への向き直り・還帰（conversio; reditio）の単一な知性認識の内での同時性」（De vis. beat. 1. 5 (6)）がその本質的な自己認識を成しているのである。能動知性の発出に固有な imago としての在り処は同時に、発出の根源への回帰性としての自己活動態なのである。従って、能動知性の自己活動態としての本質実体が懐胎する（concipiere）内実——知性認識に固有な対象領域——とは、(i) 能動知性がその本質を受容しつつ成立するところの根源、(ii) 成立した根源との流出的-還帰的本質連関の下での活動態としての自らの本質、ということになるが（De int. II 37 (2) (3)）、知性認識遂行において既に自らであるところのものの外部には何ものも認識しない能動知性の自己認識（De int. II 40 (3)）は、(iii)（その単一性において、すべての規定的内容の一なる理拠でもある【: De int. II 36 (3); cf. Quaestio utrum in Deo sit aliqua vis cognitiva inferior intellectu, cod. A, fol.104】）根源から展開される存在者全体の宇宙を包含するのである（De int. II 37 (4)）。元より上記(i)、(ii)、(iii)と区分された認識遂行は三様のものではなく、知性認識の活動である以外の何ものでもない単一な本質の遂行なのであるが（De int. II 38 (1)）、「自らの包摂をもって存在するものの宇宙を包含する（comprehendere suo ambitu totam universitas entium）」と述べられている事態は「存在するものの宇宙の可認識性」の根拠を指し示している。自己活動態としての本質遂行による知性は、存在するものすべて（omnia entia）が単一なる知性的懐胎において「存在するものとしてその本質において知性的に輝き出る（intellectualiter resplendent in sua essentia）」（De vis. beat. 1. 1. 4 (4)）ところの、

「存在するものの全体の宇宙の範型（exemplar）」なのである（De vis. beat. 1. 1. 5 (1)）。古代ギリシャに生育したロゴス（理性）哲学以来の「精神（知性）と自然事物全体の世界との対応」は、ディートリッヒによれば、知性の自己活動態の固有な法則性を通して「構造的相等性」として証示されることになるのである。

第二項　原初から（originaliter）内発的かつ構成的な「志向的動性の始原」

知性認識活動とは、トマス・アクィナスの知性理解によれば、決して如何なる時点でもそれ自身から現実活動態にある自足的な存在を有するものではなく、（その活動の始動点においては）自らにとって外的な対象領域への関与から独立して成立するものではない。トマスに従えば、知性の現実態活動は（感覚的‐後天的に媒介された）受容的プロセスという経験的（empirisch）な基礎を通して成立するところのものなのである。人間に固有な知性の活動の様式は、**感覚に媒介された〈アポステリオリな世界開放性に身を置く〉体制、即ち可能知性の規定の下に、能動知性の自発的**（spontaneus）**働きが始動するものとして**一貫して主張されているのである。知性の活動が現実態化されるプロセスが知性認識遂行の成立に属しており、このプロセスは、質料的条件の下に存立する存在者――神からの存在賦与としての創造に裏付けられた被造的な存在者一般としての世界――への受容的開き（versio ad extra）を介して、知性に即した内容を現実態的に構成する「形相的同一性の遂行」として特徴づけられる。「現実（活動）態における知性と現実態における可知的なるものとは一つである」というトマス的に適用された命題も、「志向的態勢における形相的同一性」を述べるものとして厳密化されることができる。[8] 存在者への普遍的開きにおいて「可能的に知性認識され得るもの（intelligibile in potentia）」が現実態的に可知的なるもの／認識された内容へと構成されるのは、認識者に内在する能動的遂行原理によるのであるが、その際の現勢的な知性認識（intelligere in actu）は認識者自体の内に留まり完結するものとして（ut actio manens）、認識する知性の現実態化・完全化を共に遂行することになる。存在の現実態（actus essendi）から認識可能性・可知性が由来するのであって、トマスによれば（自らを現実活動化する）知性の在り処は、「現実態において知性認識可能なもの（intelligibile in actu）の形成のプロセスを通しての志向的存在（esse intentionale）における形相的同一性」を〈その都度の場所〉とすることになるのである。

以上に対してディートリッヒは、知性認識という（感覚的認識とも理性的思惟とも位相を異にする）徴表の成立根拠を「**如何なる補助手段も必要としない知性自身の創造的な原因づけ**」と規定する。即ちディートリッヒは、（『至福直観について』を補う設問として起草されたと推定される）『神においては知性よりも低次の何らかの認識能力が見出されるかという問い』において、トマスが（感覚に媒介された抽象化の手続きを経ての）一般的本性の把握（apprehensio universalium）を知性認識の遂行徴表としたのに反対して、知性に固有な活動を「単純な本質の内に成立するもの」（cf. De int. II 36（3））としての比較不可能な卓越性の内に見出す。諸々の類と種（genera et species）へと秩序づけられる外化された自然事物（res）の世界には、表象化を介して把握する様式において定義を形成する営みが対応するが、これは本質によっての知性からの活動ではなく、理性（但し、個別的ではない一般的な理性 ratio universalis ）に固有な活動である（cf. De vis. beat. 3. 2. 9. 7. (4); De int. III 28)。このような概念的定義を形成する理性の働きとの区別において、自立的にして本質的に知性である活動とは、（形相化‐現実態化といった）プロセスから解放されている完全性（perfectio）において見出されるのであって、（トマスの理論のように）可感的・可知的形象の形成を媒介とした「形相的同一性」から知性の活動様態を捉える立場は、外的な因果性から考察された（知性の本質にとっては単なる）付帯的装備のレヴェルに落ち込んでいる、とされる。知性の活動はその本質において、（感覚におけるように）自らにとって他なるものへとは決して傾斜することはなく、絶えず自ら自身であるところのものへの洞察に他ならない（De vis. beat. 1. 1. 3. 1. (2)(3))。

「志向性」の問題構制の相異からディートリッヒの知性理解における刷新的意義を問うならば、トマスとの差異は一層明らかになる。ディートリッヒにとっては「本質によって自己活動態である」能動知性は、トマスのように現実態として先立つ霊魂の実体形相に内属しつつ派生する能力なのではなく、「霊魂に内在する（それ自体で本質活動実体であるところの）原因づける原理・根源（principium causale animae intrinsecum）」である（De int. II 2 (2) (3); 7 (2) (3) (4); 10 (1) (3))。そこで、トマスでは知性認識の遂行である（現実態において知性認識可能なるものを形成する）志向的態勢――「志向的存在（esse intentionale）」――は、それに先行して自然的事物における実体的レヴェルでの（可能的に可認識的であるところの）形相的存立（esse naturale）を前提とするのであるが[9]、ディートリッヒが見出す知性におけるそれ自身からの自発的志向性は、存在者をその諸原理から知性認識の概念的懐胎へと（conceptionaliter）構成するところのものなのである（De int. III 8 (7)――蓋し、このテキストは決して能動知性を主題として述べられているのではなく、可能知性を通して人間が有する知性認識の遂行をコンテキストとしていることに留意すべきである。この点、後述の第三項にて再論する）。

「……へと自らを関わらせてある（das Sichbeziehen auf ...）」志向性の問題構制にとって、――意識なるものを志向性から規定するのではなく――この現象が人間の存在論的体制に基づいており、志向的態度には「いつも既に（immer schon）」一定の存在理解が属していることを解明したのはマールブルク期（1923-1928）のハイデガー（Martin Heidegger, 1889-1976）であった[10]。そもそも、一定の存在理解における開示性（Erschlossenheit）がわれわれがそれであるところの現存在の存在体制であることによって、「存在を有するところの存在者」の内世界的な（innerweltlich）被発見性（Entdecktheit）における志向的関与という作用が見出されるのである[11]。「世界-内-存在（In-der-Welt-sein――一定の世界開示の下でその世界と慣れ親しみつつ世界投企を為してゆく根本体制）」として実存する人間の存在論的体制に志向性の基盤が存することの現象学的暴露[12]によって、この先行構造の第一次性に基づく限り、近代認識論からフッサールに至るまでの超越論的主観性に依拠した問題の立て方は克服されることになる。ハイデガーによる志向性の問題構制の現象学的-解釈学的解体は、知性認識の在り処を巡っての視点をトマス・アクィナスに見出される志向性理解モデルへと差し戻させるように見える。ここで見いだされる思考動向の親近性の指摘に対しては、ディートリッヒの知性論展開の視座からは更に何が語られるべきであろうか？

第三項　超越論的論理生成の場としての„entia conceptionalia"――（知性それ自体の生命がアプリオリに論理化される）超越論的論理の、限定されると同時に固有の存在領域として

ディートリッヒの思考構築にとって明らかな端緒は、「存在するもの（ens）」をあらゆる区別や分割に先立つ「事象性において見いだされる諸観念の、第一にして最も単純なもの（prima et simplicissima omnium intentionum repertarum in rebus）」とした上で（De vis. beat. 3. 2. 9. 1（3））、存在するものである限りでの存在者に自体的に帰属する〈可能態と現実態〉及び〈一と多〉などの「普遍的様態（generales modi）」（Ibid.（4）（7））が存在論的に異なる二つの根本領域へと言わば降下する事態への眼差しである。この「存在するもの（ens）の自己分化（De vis. beat. 3. 2. 9. 6（4））の二極性（Dichotomie）」の端緒において、十三世紀のアリストテレス受容を通してのスコラ学が理論上の公式とした存在者の基本分類が決定的な変容を蒙ることになる。即ちディートリッヒにとって存在するものの根本的な自己分割は、「自然に即しての（述定可能な）事象的存在者ens reale secundum naturam」と「（知性的に懐胎的な）概念的存在者ens conceptionale」への降下であ

るが（De vis. beat. 3. 2. 9. 6.（1）（4））、このそれぞれの存在領域は決して単に「霊魂の外部に存立する自然の存在者（ens naturae extra animam）」と「霊魂の内部に認識された存在者（ens rationis ut cognitum in anima）」という教科書的アリストテレス主義が前提とする——更に、トマスも基礎としている——区別（distinctio）に即応するのではないのである。差し当たって、以下の三つの点が証示されよう——(1)「自然に即しての事象的存在者」は、アリストテレス的に理解された可感的な自然的存在者の領域と等置されるのではなく、ディートリッヒが „universitas entium secundum naturam" と呼ぶところの存在者の全体であり（De vis. beat. 3. 2. 9. 2.（7））、精神的な離存実体（中世キリスト教的文脈では天使）も属するところのものである。(2) 知性的に懐胎的な概念的存在者（ens conceptionale）とは、単に精神の内への思考内容としての存立を意味するのではなく、認識された事柄の現実態とともに認識の遂行（行為）の現実態性を包含する知性的懐胎である（De vis.beat. 4. 3. 4.（5）; cf. 4. 3. 1.（1）; 4. 3. 2.（2））。(3)「知性的に懐胎的な存在性（entia conceptionalia）」は、その普遍性及び存在様相・様式（modi essendi）において知性的に認識され、包含される「自然に即しての事象的存在性」に対応するが（De vis. beat. 3. 2. 9. 6（2）（3）（4））、前者がカテゴリー（範疇）的構造化への組み入れから脱去するのに対し、後者はカテゴリーへと秩序づけられる存在領域である（De vis.beat. 4. 3. 4.（6）; cf. ibd.（9））。

　そこで、ディートリッヒが「知性的に懐胎的な存在性（entia conceptionalia）」という（真新しい）術語によって規定する存在領域の厳密な解明が焦点となる。（知性的に懐胎的な）概念的存在者（conceptionale）についてディートリッヒは次の箇所で一定の規定を与えている――「然るに知性によって懐胎的で概念的なるものとは、或る存在するものが自らにおいて何らかのものを生ぜしめつつ、自らの概念懐胎を超えて（praeter conceptum suum）認識されるものとして何らかのものを自らの内に把捉する時に、固有に語られる。それ故これに従えば、概念懐胎すること（concipere）とはその名称の固有性に即して、（人間が自らにおいて感覚を通して可感的なるものを、知性を通して可知的なるものを把捉するといったような、更に人間の実体からの他の諸々の相異に関して）把捉する者の実体（substantia capiens）とは相異して自らにおいて或る何らかのものを把捉することである」（De vis. beat. 3. 2. 9. 8 (2); cf. De substantiis spiritualibus et corporibus futurae resurrectionis 4. (2)）。このテキストではともかく、「把捉する遂行そのものにその存在のあり方が存する知性的に概念懐胎的なるもの」が「把捉する基体的実体」から区別されている。知性の概念的な懐胎における遂行と共に知性的に概念化されるところのものが「知性的に懐胎的な存在者（ens conceptionale）」と呼ばれているのであれば（上記引用されたDe vis. beat. 4. 3. 4. (5) を参照）、ディートリッヒが展開する概念的存在性とは、知性による自発的構成の諸様態（modi）であることが明瞭化する。知性の自発的構成において概念的に懐胎されてある存在性（entia conceptionalia）は更に包括的に、**自然に即しての事象的・実在的存在に関してもその諸原理――例えば、形相‐質料といった自然的存在性の存在論的原理――も同時に知性的構成における概念的諸原理として把捉されるべきことを意味する**（De int. III8 (7)）。但し、一方では確かに〈自然的存在性の諸原理〉

の〈知性による構成的な概念的存在性の諸原理〉への対応が主張されているのであるが、他方でこの分化された両存在の領域秩序の原理的対応それ自体は知性の自発的な認識遂行によって基礎づけられるのではない。自然に即しての事象的・実在的存在性（ens reale secundum naturam）の自然的諸原理は、それ自体からして知性と独立に作用する。ディートリッヒの思想においては、知性による自発的構成（としての本質的知性認識遂行）によって基礎づけられるのは、「存在するもの（ens）の一定の様相（modus）」に限定されるところの「知性的に懐胎的な概念的存在性（entia conceptionalia）」なのである(13)。

ディートリッヒの知性論が成立し展開される〈場〉へと（決して反省的思惟によって最初に開示されてなのではなく）重複する「知性的に懐胎的な概念的存在性（entia conceptionalia）」は、知性それ自体の生命活動のロゴス的分節化としてのアプリオリな論理性を有する。ディートリッヒによって端緒が開かれていると共に（上述した意味での）限定的領域において作動する「超越論的論理」の問題構制(14)は、十三世紀に固有な発展をみた（とりわけ Heinrich von Gent とトマス・アクィナスを通してエックハルトにも流れ込んでいる）「超越論的名称の形而上学（Transzendentalienmetaphysik）」との関連(15)及び決定的差異において更に究明していかねばならない今後の課題であろう。

第三節　結語に代えて――ディートリッヒとエックハルトの結節点からの照射（キリスト教的形而上学の自己解釈の可能性へ向けての総括的展望）

神とその像（imago）との「不可分離的な一致[16]」から開顕せる根本事態は、思索の事柄としてのその場所論的究明（ディートリッヒ）を経て、人間精神（知性）の根底における神との遂行的な〈一〉への回帰[17]（エックハルト）を霊的内実として帰結した。両者の（中世後期にさしかかる精神状況を背景とする）歴史的思惟を通して、キリスト教的形而上学の可能性が新たにどのように自己解釈され得るか、以下二点ほど指摘したい。

1　精神の超越理解に関して――形而上学がいわゆるアリストテレス的な存在‐神論（Onto-Theologia）の体制を根幹とする限り、その超越理解においても「存在者の秩序を基盤とする、より高次或いは自体的に最高次な存在規定への乗り越え（凌駕）」が人間精神の形而上学的本性における自己覚醒に本質的に属することになる。ところが、ディートリッヒの下で既に知性的自己覚醒のトポロジーは、専ら存在者の存在充実の度合いへの関与から本源的に脱去した（自立的

な）精神形而上学の存立連関の内に究明されるものであった。つまりこの自立的な精神形而上学の存立連関とは、類比的に（analogice）下からの分有関係から規定され得るのではなく、むしろ存在者の存在秩序において類比性が成り立つこと自体にとっても根拠である根源領域が形而上学の覚醒の在り処なのである。更にエックハルトにおいては、›entbilden（脱-像化する）‹及び›überbilden（超-像化する）‹といった用語による、如何なる被造的像性の媒介へも取り込まれることなき——そして、神との不可分離的な遂行的統一における——精神の始原的離脱性（Abgeschiedenheit）への回帰に超越理解が根づいている。キリスト教的形而上学におけるこのような「超越理解の変位」を、西田幾多郎（1870-1945）にもその思考脈略が見出せる〈ノエシス的超越（＝ノエシス営為の内部を遡源する、志向的ノエシス自らの超越）〉と呼んでよいであろう。[18]

2 精神の回帰について——ラテン中世におけるキリスト教的プラトン主義の再生と思想的発展は、ラテン世界に伝承された新プラトン主義文書の再摂取、再解釈、そしてキリスト教信仰内容との緊張関係の内での創造的組織法への再統合を通じて幾段階にも遂行された。精神の回帰（再帰性）に関する新プラトン主義の中心理念は、既に十三世紀の盛期スコラ学におけるキリスト教的総合へと刷新的に解釈を受けていたが、[19] ディートリッヒからエックハルトへの路線はその刷新的解釈統合の更に新たな段階と言える。その際、(a) ディートリッヒが、「根源からの形相的-知性的発出（processio ut emanatio formalis sive intellectualis）と根源への向き直り・還帰（conversio;

reditio）の単一な能動知性認識遂行の内での同時性」に完全な再帰性（reditio completa）の在り処を見出すのと連繋して、エックハルトにおいては像の本来的動性（Dynamik）が原像（Urbild）における根源（神）との始原的一致へと回帰する遂行的統一こそが、キリスト教的実存の絶えざる自己覚醒（「神の子の誕生」）が湧出する〈生ける脈動〉であること[20]、(b)「能動知性の本質受容における、知性認識活動態としての自己構成」（ディートリッヒ）と「原像（imago-ratio idealis）への回帰を通しての、存在の被造的規定からの脱去（negatio nagationis: „Esse est Deus"）」（エックハルト）との精神形而上学的な帰趨連関が際立ってくる。——ここではただ挙示するだけに留まることれらの問題連関は、以下の研究論稿を通しても追究され究思されてゆく。

本編

エックハルト論攷

第一論稿

マイスター・エックハルトの言語理解に寄せて

第一節　問題の着手措定的開陳

ヨーロッパの二十世紀における言語哲学の興隆後、その新たな展開に多大なる貢献をなしたカール＝オットー・アーペル（Karl-Otto Apel, 1922–）は嘗て、〈未だ書かれざる言語史〉という構想からの「近代の思惟における言語の理念」の査定を課題とする歴史的探求へ向けて、『ダンテからヴィーコのフマニスムスの伝統における言語の理念』という研究を公にした。(1) その中で彼は、ヨーロッパ近代の言語理解を形成した一つの影響作用史的要因としての近世フマニスムスにおける言語理念（言語の教養価値――ダンテ）には他の三つの言語理解の潮流が拮抗並存したのであり、(2) 近代的な言語把握生成の枢軸時代としての十四世紀初頭は後世の方向を規定する競合割拠せる状況にあった、というテーゼ(3)を確立しようとした。他の三つの潮流とは、(a) ウイリアム・オッカム（William of Ockham, ca. 1285-1349）に代表される唯名論的言語把握、(4) (b) 言語的諸記号の数学的―機械的な観念総合の方法への還元――数学的普遍言語に基づく»mathesis universalis〈形式的に論理的な普遍教科〉«の理念の、ライムンドゥス・ルルス（Raimundus Lullus; ca. 1232-1316）からライプニッツ（Gottfried Wilhelm Leipniz, 1646-1716）に至る展開、(5) 及び、(c) 中世後期におけるアリストテレス的伝統の形而上学的思考枠の転換による趨勢を通しての、マイスター・エックハルトからヤーコプ・ベーメにいたるドイツ神秘思想の流れを形成する »Logosmystik«（ロゴス-言語神秘主義）の潮流、[6] として挙示される。

アーペルのこの研究書自体の意義は、今日でも――その彼自身がその第二版の序[7] では文献学的-歴史学的な資料の基盤が様々な観点で未だ十分とは言えないことを言及しているにもかかわらず――決して色褪せていないと思われる。けれども、近代の言語理解を生み出す歴史的構成要因として上記に挙示され性格づけられた（フマニスムスの伝統以外の）三つの潮流の内で、最後の »Logosmystik« と名称化された言語コンセプトの解明は、近世ドイツ精神史に通底する構成因子として包括的ではあるものの極めて概略的であり、立ち入った究明がなされていない。なるほどドイツ神秘思想における言語観の批判的究明は、アーペルの研究書の中心主題ではないとは言え、既にボッフム（Bochum）のルール大学で長らく活躍した中世思想研究家クルト・フラッシュがそのエックハルトについての初期の論文の中で、»Logosmystik« という表示を安易に適用することによってエックハルトによって開設された思考の境涯と言語理解のあり方の曲解及び隠蔽が生じていることを明らかにした。[8] フラッシュは、エックハルトのすべての著作を貫流するプログラム的綱領を聖書解釈原理として呈示するテキスト（『ヨハネ福音書註解』序文を参照）に注目することから、キリスト教信仰を思惟の内容とする中世形而上学が「信仰者たちにとってのみの解明・解説なのではなく、すべての人間にとって証示可能な教説であることが問題である」ことを帰結する。[9] 即ち、エックハルトの（説教や論考、聖書註解をも含めての）思惟活動の中心的志向を「キリスト教信仰内容は理性根拠によって解意されるべきであり、その際その（解意されるべき）内容はすべての哲学的（自然理性的）知の総体として証明されて然るべきである」[10]という根本主張に見出せる、とするのである。

けれどもここでわれわれは、神秘主義（Mystik）概念の適用とその特定の意味コンテキストを巡って、»Logosmystik«という表示の理解背景に遡る探求に従事したり、ましてやこのような理解背景が成立する知的枠組みに対する批判的解体の作業に再度追従したり論争したりするわけではない。[11] 他方、ロゴス–言語の本質が成立する在り処の場所論的究明をエックハルトと共に追遂行することこそは、彼の独創的なキリスト教的思索が生起する始原的地盤に立ち入ることになろう。そしてエックハルトの著作においては、まとまった論述としては主題的ではないにせよ、その言語理解を特徴的にかつ組織的な省察をもって表明しているテキストがかなり豊富に見出せる。にもかかわらず、一定の理論的に整理された形で提示できるような「エックハルトの言語理論研究史」なるものを前提することなどは全くもってできるものではないのである。[12] そこで本論稿の以下の論述の試みは、次のように分枝構造化された考察のための過程を経るものとして投企されることになる。第二節＝十三世紀スコラ学の遺産継承からの、エックハルトにおける言語コンセプトの新たな展開――トマス・アクィナスによって理論化された「言語階層」の受容と変容／第三節＝〈神の子の誕生（generatio）〉と〈ことばの本質現成（wesen）〉が共属する在り処――エックハルトの『ヨハネ福音書註解』を根本テキストとしつつ／第四節＝神その者からの〈ことば性格〉へ向けての究明／第五節＝言語の根源的な思弁性（Spekulativität）とエックハルトの像（Bild）論との関連点へ向けて／第六節＝「霧の只中の明けの明星のように」――エックハルトの言語理解における、〈一性形而上学への精神形而上学の統合〉という事態究明に向けて。

このように六分節された論稿の諸階梯内で、第二節は未だ序奏的部分を成すが、トマスの言語理論自体をここでは詳細に論じる場ではないので、エックハルトとの関連からの記述に留め置くことにする。これに対し、第三節と第四節はそれぞれそれ自体、エックハルトに固有で根本的な思想脈絡の開陳に着手することになるが、他方ではその思考圏域からの問題連関の広がりを包摂しきれるものではない。但しその際、本論稿全体の主題領域と本質的に連携し更に論究が進展せざるを得ないテーマとして、エックハルトの像論（Bildlehre）がその言語理解とどのように関連するのかという問題構制の解釈学的全体布置（die hermeneutische Gesamtkonstellation）を照らし出す展望を切り開くことが焦眉の課題として切迫してくる。ここでは随伴的にのみ浮上するこういった問題構制は然るに、独立した論題として本書に収めた第五節と第六節を通して改めて論じられる必要があろう。

中世神秘思想研究のスイスにおける碩学アロイス＝マリア・ハース（Alois Maria Haas, 1934– ）は嘗て、そのエックハルトの研究論文の中で「私は、依然としてエックハルトの〈ことばの奇跡〉について語ることが可能と思う。ただそれは、もはやその時々のことばの発明・工夫やことばを形成する術の力技に由来するのではなく、……〔中略〕……秘儀講話的（mystagogisch）な呼びかけが有する全く特定の警句・引用句的な（inzitativ）契機を内含する――極めて精妙な組織的手段によって究明されるべき――個性的な構文法とレトリックから導来するのである」（本書の著者試訳）と述べている。(13) エックハルトにおいては正に、言語理解と不可分に統一された「秘儀への（語られたことばの）呼びかけ構造」がその言語創造的な独創性をも可能にしている、と言えるのである。われわれは、この様相をも同時に射照していくことになるであろう。

（以下、この論稿で使用されたトマスのテキストからの引用は次の略式表示をもって当該のテキストを示すものとする：CG＝Summa contra Gentiles; In de Caus＝In librum De causis expositio; In Joan＝In Evangelium S. Joannis lectura; In Sent＝Scriptum super Sententiis Magistri Petri Lombardi; Pot＝Quaestiones disputatae de potentia; Quodl＝Quaestiones quodlibetales; S th＝Summa Theologiae; Ver＝Quaestiones disputatae de veritate.）

第二節　エックハルトにおける、トマス・アクィナスの言語理論の受容と変容
――十三世紀スコラ学の遺産継承からの、エックハルトにおける言語コンセプトの新たな展開

トマス・アクィナス（Thomas de Aquino, 一二二五－一二七四）の膨大な著作群の中に言語についての省察（その「ことばの神学」も含めて）を読み取ることは、十分な典拠を通して可能であるし、すでにトマス研究の積年の伝統がその正当性を物語っている。[14] そして、トマスの〈言語理論〉といったものを際立てて主題化するならば、その知性論の準拠枠も同時に問題化されることになる。但しここでの叙述は、先ずはトマスの言語理論として確保される組織法と中心的な哲学的含蓄を明らかにすることに留めた上で、その言語理論がエックハルトにどのように受け継がれると同時に変容していくのかに考察を絞りたい。

トマスの諸テキストの中で「ことば」が設問（quaestio）の直接の主題となっているのは初期の定期討論集『真理について（De veritate）』第四問題（特に、言語理論へと関わる重要性からは第一、二項）であるが、その他にもその言語理解の深層を開示する重要な幾つもの箇所が見出せる。[15]『真理について』の当該箇所では、アウグスティヌス（Aurelius Augustinus, 三五四頃－四三〇）から

学び取られた「内的言語（verbum interius）−外的言語（verbum exterius）の区別」が設問に対する論究の前景となっている。ところがトマスは、この設問の第一項〈神的なものにおいて、ことば〔という名称（nomen）〕は固有に語られるか？〉において、芸術家の製作活動を手引きに「言語の三つの階層序列」を導き出す。即ち、(1) 知性によって懐胎されたまま外的音声なしに語られたことば（心のことば＝verbum cordis）〔芸術家の創造活動においては、その志向する終局 finis に相当〕、(2) 外的に発せられることばの範型（exemplar）として、音声による表象化を随伴していることばの在り方（=verbum interius habens imaginem vocis）〔芸術家が抱くイデー・創造的観念に相当する〕、(3) 表出され音声となったことば（＝verbum exterius vocis）〔既に存在する或る様式へと産出された作品に相当〕、の三階層である。そしてこの序列は、語りとしての言語現象において不可逆的に生起している、とされる。[16] だが注目すべき点は、このコンテキストでトマスが上記(1)の意味での（知性内在的に懐胎されたままの）心のことばのみが一切の質料的なものへの下降から離存して固有に（proprie）神について語られる、とする点である。[17] 更に(3)は、世界内部的な被造物が——結果がその原因を指し示すごとく——創造者である神の知性的起源を指し示す限りで存立し、また(2)は、諸々の存在者が創出される理念的諸範型としての神のことば（verbum Dei ideae rerum faciendarum）について隠喩的に（metaphorice）にのみ語られる、と述べられるのである。[18] つまりトマスはここで、ことばが成立するその本源は媒介的推論（discursus）を伴わない知性の現勢的な活動——そこから諸存在者の理拠（ratio）が定義として表明されるに至る単純な本質把握

apprehensio simplex における——で十分である、とする。[19] それ故続く設問でも、われわれの知性活動が成立する基盤として見出される「知性の内なる懐胎（conceptio）」から〈神についての類比的述定〉さえも可能となっている限り、神内におけるものとして語られる「ことば」は事象的領域におけるプロセス（つまり、存在する事物における運動や変化）がその現勢態に含みこまれることなく、端的に理念的・理拠的在り方である[20]と明言されている。

さて、トマスの（『対異教徒大全（Summa contra gentiles）』執筆を中心とする）中期から（第二回パリ大学時代を挿んでの）後期の諸著作や註解においては、上記のテキストで区別された(1)と(2)の階層は包括的に取り扱われ、両階層の差異化は厳密には維持されなくなる。(1)の「心のことば（verbum cordis）・精神のことば（verbum mentis）」は、精神・知性における内部への（ad intra）発出として考えられているが、[21] 知性的に懐胎されて在る「知性的ことば」（verbum intelligibile）としての「内的言語（verbum interius）」の名称と等値される。[22] そして更に『ヨハネ福音書講解（In Evangelium S. Joannis lectura）』においては、神のことば及び（知性認識者と認識されるものとが一致していない）人間のことばが三重の論拠から区別された上で、[23] 福音書原文におけるギリシャ語の λόγος（ロゴス）——神のことば——が（ラテン語の ratio 及び verbum 双方の意味規定を含み持つにもかかわらず）ratio（理拠・理念）とは訳されないのは、ことばが精神に内在的なものからの外部への関わりを表示するからである、と述べられる。[24] このように、問題構制または論点の変化に伴う〈言語理解の図式〉の幾分かの推移は、トマスに固有な思考諸要因の内でアリストテレス的知性論及び認識形而上学の枠組みがより決定的な立論と問題解決のために洗練化されていった経緯を指摘することからも解釈できよう。但しその際にも重要なのは、知性的懐胎として結果する内的言語（或いは、心のことば）が相互に連関する三つの相において、すなわち、(a)知性的に認識されたものの定義（definitio）が表示するところの、事象（res）そのものにおける知性的把握内容の理拠（ratio）[25]、(b)知性認識がそこへと終極するところの（quasi terminus intellectualis operationis）、知性認識する者自身に内在的な知性の完成[26]、(c)そこにおいて（in quo）、またそれを通して、存在者（ens）一般において知性的に認識可能なるものへの関与が為される媒体[27]、と三様に規定されている点である。この連関で(c)の相は、人間における知性的認識遂行の現実態化の際に知性と事象内容との「形相的同一性」が成立するためのいわば〈道具因（causa instrumentalis）〉として形成される可知的形象（species intelligibilis）との差異を際立たせる[28]。トマスの言語理解においては、なるほど認識する知性の完成された内在性に至っては認識者自身が認識されたものと同一化して知性的に懐胎される「ことば」性格が考えられているが〔上述(b)の相〕、内的言語としての形成の開始点は決して精神の内観的な反省活動なのではなく、常に一定の事象内容へと関係づけられた志向的行為なのである[29]。

初期トマスにおいては明瞭に区分されていた「ことばの三階層」を示唆する直接の痕跡をエックハルトの諸著作の中で見出せる箇所は、確かに少数のテキストに限られているかもしれない。

ドイツ語説教第二十二番（Nr. 22）»めでたし、聖寵に満ちて Ave, gratia plena（Luc.1.38）«では、被造的存在者の原像（Urbild）との生ける連関に留まる限り、「……わたしが今語ることばはわたしの内に発現し、第二には私は像（表象）へと向けられており、第三にそのことばは外へと口に出して表出される、そしてあなた方すべてはそれを受け入れる。けれどもそのことばは、本来的にはわたしの内に留まるのである」（DW I S. 376〔S.517〕）と述べられている。このテキスト内で、「わたしの内に発現し、……本来的にはわたしの内に留まる」ことばとは、定期討論集『真理について』の設問でトマスが「心のことば」という名称に固有に帰属せしめた言語層に対応する。(30) この次元でのことばの存立は、被造性と共に生じる像（表象）性へとは下降しない「像なき、像を超えた原像（bildlose und überbildliche Urbilder）」である（DW I S. 381）。「像なき（被造物の）諸原像」を宿すことばの存立の場所を、エックハルトはこのテキストで「魂の火花（vünkelîn: Fünklein）」とし、ことばはそこにおいてのみ神性と不可分に一致している、と述べる（ibid.）。それは、他のテキスト箇所では「あらゆる被造性から解離した霊魂の知性的本性（vernünfticheit）」ともされる。(31) この第一の階層でのことばに比して第二の表象化を伴うことばの在り方は、これもトマスの第二の階層（即ち、外的音声へ向けての可感的像化を伴う「内的言語」）に全く合致する。(32) 但し第一と第二の階層の差異化は、トマスの問題意識の変化と発展の位相とは異なって、エックハルトの思惟連関においては決定的意義を有するものであることが読み取れる。十四世紀中葉のドミニコ会特有の霊性と教説を伝える説教集 »知性的魂の楽園（Paradisus anime intelligentis）« の中で、エックハルトに帰すことができるとされる説教第四番（Nr. 4）»Item sermo de adventu domini«において、第二の階層での「私の思考（思い巡らしたこと）へと像化された（gebildit wirdit in mime gedanke）」ことばは、口に出して音声に語り出された第三の階層でのことばと共に、第一の階層の「私の知性の内で最初に懐胎されることば（da diz wort zu dem erstin inphangin wirt in minir fornunft）」から力を受けていることが示される。(33) 更にプファイファー版には収められていたエックハルトの教えとされる叙述の中では、使徒パウロがその弟子テモテに説教し宣教するように勧告していることばとは、「内部へと生み出され、けれども霊魂の内に覆われて秘匿されたことば」である、と述べられている箇所が見出される。(34) この「内部へと生み出され秘匿されたことば（das inwendig geborene und verborgene Wort）」においてこそ、「霊魂はその自然的光において最も高いもの、最も晴朗なものへと高められるべきであり、〔……〕生き生きとしてことばにおいて応答するもの（再び語り出すもの）となる」のである。(35) エックハルトの霊的躍動に息づく「概念的思考へと拘束された言語理解への固陋化（Engführung）に対する戦い」は、彼の説教や聖書解釈に含蓄された中心的な思想モティーフとなっている、とまでも言えるであろう。(36) 音声への表出に向けて（表象）像化されゆくことば――「像的な内的言語（das bildhafte innere Wort）」――によっては語られずに留まるところのもの、即ち神をのみ語ることば（Got ist ein wort, ein ungesprochen wort）(37) は、「霊魂の内に秘匿されている」(38) からこそ、そのことばが聴取されるためには「〔外化への傾向を伴った〕被造的な何かからは遠く離去して、……〔中略〕……霊魂はただ独りとなり、それ自身沈黙せねばならない」[39]。何となれば、神が名を持たず、音声化される言語によっては語られ得ないのと同じく、「霊魂もその根柢においては〔そのような言語によっては〕語られ得ない」[40]からである。つまりエックハルトにとっては、音声へと多様に表出されたいわゆる「外的言語（verbum exterius）」を基点として言語の本質を明るみにもたらすことは、原理的に不可能とされているのである。この点では、「外的言語は――他者への相互主観的な伝達機能というその積極性にもかかわらず――ただ内的言語に依存する限りで言語としての本質を維持する存立を保つ」とするアウグスティヌス及びトマス的な言語把握の思考法の継承でもある。然るに他方エックハルトの場合、更に外的言語（即ち、可感的多様性・時間性の下での表象性へと定位した像化）が破棄（Vernichtung）されること（via purgativa＝魂の沈黙化の道）においてこそ、言語の本質現成が――眼前化する他なるものへの質料的次元を伴った伝達の現勢化は欠如するにもかかわらず――その純粋に知性内在的な普遍性と共に生起している、という根本主張がなされる[41]。エックハルトによって点火されたこの思想含蓄の独自性が、以下の論究において掘り下げられ、その著作の広がりにおいて開明されなければならない。先ずもってここでは、多様性・質料性の次元での〔表象〕像へと外化されたままの言語は「統一性から離れて堕落し無へと落ち込んでゆく[42]」否定的なもの（negativum）として性格づけられていることの指摘だけで十分であろう。

但し本第一論稿の考察過程のこの段階で、第六節が主題的に分析することになるドイツ語説教第九番（Nr. 9）のテキストにおけるエックハルト独自の言語理解の構造性について、敷衍して言及するのは適所を得ていると考える。この説教の締め括りの部分で、エックハルトは上述内容と一致する〈ことばの三階層〉を呈示する。

ことばには述べられたものがある、それは天使、人間、すべての被造物である。別のことばは、考えられ〔後に〕述べられるもので、それにより私は自らへと何かを像化することが可能になる。更に、述べられることなく考えられることなく決して外へと歩み出ない別のことばがあり、それはむしろ語る者の内に永遠に留まるのである。(43)

このテキストで第一に注目すべきは、以下の三点である――ことばを通常基本的に性格づける、「述べられる（vürbrâht; vorgebracht）」という様態の欠如（un-）からその通常的規定要因に先立つ根源的次元の開示が主題化されているということ、更に遡って「述べられる」ことの過程的前提である「考えられる」という事態に対してもその欠如を示す接頭詞 un- を通してことばの在り処の奥行きが徹底化されていること、である。以上の観点と関連して第二に考慮すべきは、ここでの〈ことばの階層〉の呈示は、初期トマスの図式化を踏襲している（と同時に、エックハルトのドイツ語説教第二十二番（Nr.22）に見出せるものと並行関係にある）と解釈できるが、ただ順序は逆であるということである。更に第三には、上記引用箇所のこの説教全体内での脈絡を――「神の神殿」の本質規定とそこへと近接する場所論的究明が枠主題となって――被造性へと外化される存在規定によっては包摂され得ない〈純粋に知性内在的な営みの在り処（即ち、神の神殿）[44]〉におけることばの成立（発出）の問題、と差し当たり把握することができよう。第二・第三の両観点は、本稿第六節での省察の前提を築くことになるので、この段階では第一のポイントのみに言及しておくことにする。

「述べられることのない」とは音声による外的表出の欠如を意味していることは明らかであるが、「考えられることのない（unbedâht）」という表示によって照明される意味連関が先ずは問題である。トマスの「心のことば」を巡る論点[45]に倣って、媒介的推論（discursus）へと歩み出る思惟（cogitatio）を含まない知性の直接・直観的な活動、と解することで充分であろうか？　この方向で解釈するならば、上述内でも引用した»Paradisus anime intelligentis«における説教第四番（Nr. 4）での「私の思考（思い巡らしたこと）へと像化される（gebildit wirdit in mime gedanke）」ことの欠如した、従って判断作用（iudicium）への契機を内含しない知性の内在的懐胎におけることばの存立に一致することになる。更にエックハルトの当該説教（Nr. 9）の中でも、諸能力が霊魂において身体を通して開花するのは、「魂の火花（vünkelîn）」が――それら諸能力の発現に先立つ根元において――認識するものとしての霊魂自体の知性的本質を成すことに基礎をもつことが示唆されている[46]。但しこのテキストでも、否定的接頭詞 un- が単に思惟の作用としての論理的な否定性の機能においてではないのならば、否定の発現がその生成基盤からの動態として見究められる圏域へと遡行する問題脈絡に迫らざるを得ない[47]。「音声へと語り出されることば」「表象化へと歩み出る思考」「被造的次元へと像化される言語」――これらの表示と共にある傾向は、エックハルトにとって「統一・充溢からの堕落」として端的に否定的なるものを意味するのであるから[48]、否定的接頭詞 un- は端的に否定的なるものに対する否定（negatio negationis）から生起する事態を開示することになる。われわれの考究も再度この地点へと回帰せざるを得ないのであるが（とりわけ、本第一論稿の第四節を参照）、エックハルトの著作においてこの「否定の否定（negatio negationis）」こそ神なるものを端的に主題化する根本規定なのである[49]。

第三節　〈神の子誕生（*generatio*）〉モチーフと〈ことばの本質現成（*wesen*）〉の在り処
――『ヨハネ福音書註解』を根本テキストとしつつ

今日のエックハルト研究家の間でも、「魂の根底における神の子の誕生」[1]というテーマは、エックハルトに特徴的な――とりわけドイツ語での説教と論稿を理解する上で――根本思想であることに論争の余地はないであろう。二十世紀のドイツにおける神秘主義・キリスト教霊性研究の大家であったクルト・ルー（Kurt Ruh, 1914-2002）も指摘している通り、エックハルト自身がそのドイツ語説教第五十三番（Nr. 53）の中で、〈内的貧しさとしての放下（Gelassenheit）〉に次いで諸説教において集中的に取上げる四つの主要テーマの第二位には〈人間の魂における神の誕生〉を挙げている[2]。また、現代日本の卓越せるエックハルト研究家でもある上田閑照氏（一九二六-）は、〈突破（Durchbrechen）モチーフ〉との内的連関において表裏一体を成す〈神の子誕生モチーフ〉を、エックハルトの全ドイツ語説教の基調として開明されたことがある（上田閑照『神の子の誕生』と『神性への突破』――ドイツ語説教集におけるマイスター・エックハルトの根本思想」、『ドイツ神秘主義研究』創文社、一九八二年、一〇七-一三二頁所収[3]）。

但し、この中心主題が「ことばの本質生起」と密接に連関しつつ、キリスト教信仰内容の創造的開明——その意味では固有に神学的内実を成す論拠（Theologumenon）——の遂行原理であることへの根本相関が見通せるようになったのは、そのラテン語著作の徹底した研究を通してエックハルトの言語理解における独創性が改めて明るみに出されたことによってであった[4]。以下、ラテン語著作の中でもエックハルトの思索の中枢を語りだす『ヨハネ福音書註解（Expositio Sancti Evangelii secundum Iohannem）』第一章から、所謂ヨハネ福音書序文（Prologos 第一章一－一八節）の内で「金文字で書かれるべき」とアウグスティヌスが注記した（De civitate Dei X, cap. 29）冒頭部（一－五節）の註解部分（n. 4-84）を根幹として、ここで主題化する〈ことばの本質生起と神の子の誕生〉の根本相関を解明することを試みたい【——その際、エックハルトの他のラテン語著作やドイツ語説教・論考も随時参照し、考察を敷衍するものとする。また逆に上記の註解部分でも、そのすべての思想要因を蒸留して組織的に呈示しようとするのではない】。

然るに、それに先立って『ヨハネ福音書註解』の序言（Prooemium）では、「福音書に記されているすべての教説は……知性的霊魂の自然的光によって確実に認識される」（DW V S. 11 Z. 21〔S. 473〕）というエックハルトの言明と密接に連関して、「……著者の意図は、彼のすべての著作におけると同様に、聖なるキリスト教信仰と両聖書が主張する事柄を、哲学者たちの自然的理拠によって解明することである」（In Ioh n.2〔LW III S. 4〕）と確言されている[5]。当註解の本文でも、エックハルトの〈聖書とキリスト教的真理の思惟による透徹〉が展開する道程において、この根本主張は再認・再肯定されている（n. 6; n. 13; n. 36; n. 142; n. 173 etc.）。従って、註解によって開示‐解明へともたらす遂行自体は哲学に固有な営み（哲学的論拠 Philosopheme）であることになる。ここで問われるべきは、この定律（Theorem）がその全著作を貫徹してキリスト教信仰の解釈原理としてエックハルトの思索連関の生成基盤において見通されるか否かである。更に註解本文の冒頭では、「第一に注意されるべきことは、『始原においてことばがあった、そしてことばは神とともにあった』ということそのものとそれに続く多くの事柄は、次のように言われているかの言葉、『そして神は言われた、光あれ、と。すると、光が生じた。そして神は、光が善いものであることを見、光と闇とを分けられた』（創世記一章三節）の下に包含されている」（In Ioh n. 4）とも述べられている。これらの諸言明が教示せんとする含蓄内容は、正にそのような語りが可能な根本洞察の起源と「ことばの理解」が成立する在り処との統一根拠へと遡源することを以って、エックハルトの思索の追思惟によってのみ照らし出されるであろう。

ヨハネ福音書第一章一節の最初の文章「始原にことばがあった」を、エックハルトは「或る何かから産出されたもの、または発出するものは、かのもの（始原）の内により先にある」という、自然及び技術的な事象領域に見出される道理との全き並行性から解き明かしてゆく（In Ioh n. 4）。そして、「或るものから産み出されたものとは一般的に、そこから発出するところのものを言い表し、告知し、言明するところの、その或るもののことばである」[6]という〈精神性を有する自然本性一般において成り立つ言語の特質〉[7]の指摘を介して、発出するもの（procedens）としてそれを産み出す始原において先在することば（verbum）の在り方を、理念・理拠（ratio）〔そして、類似（similitudo）〕として規定する。[8]

端的に ratio と等置されることば（verbum-λόγος）の存立規定には、哲学及びキリスト教思想の古き伝統からの影響作用史（Wirkungsgeschichte）を読み取ることができるが、そのためには先ずもって、エックハルトが多義的な ratio というラテン語をどのようなコンテキストの連関において活用しているかを診断し、その諸用法例から理解が確定されてゆく方向を把握する作業を以って始めなければならない。『ヨハネ福音書註解』の次のテキストでは、ことば（verbum）と諸事物（諸被造物）の ratio の同一性が前提とされている。

……〈ことば〉、ロゴスもしくは諸事物の ratio は、このように諸事物の内に在り、個々のものにおいてそれ自身全体において在るのだが、それにもかかわらず如何なる個別的なるものの外にそれ自身全体において在り、〔従って〕全き仕方で内部へと、全き仕方で外部へと在る。[9]（〔 〕内は、著者の補記）

ここで ratio は、存在－神論的（onto-theologisch）に存在者の方から思考された限りでの存在者性を成り立たしめる規定へとは回収され得ないと示唆されており、[10]存在論的にもすべて存在するものに無条件に先行する「根拠（Grund）」として（の勝義の意味規定において）述べられていることは明らかであろう。エックハルトがこのような規定の下での「根拠」としての ratio の意味活用に『原因論（諸原因の書 Liber de causis）』の思考圏との親縁性を背景に有していることは、続く以下のテキストからも指摘することができよう。

そしてこのことは、『原因論』において次のように言われていることである。「第一の原因はすべての事物（res 存在者）を統べている、それらと混ぜ合わされるということなく」。第一原因とはすべての事物の ratio であり、ロゴスであり、始原におけることば verbum である。[11]

存在者性の秩序に無条件に先行することにおいて存在するもの全体（universum）を統べる根拠 ratio の超越性は、同時にすべての存在者を成り立たしめる端的に第一なるもの（merissima unitas: In Ioh n. 35）の「内属することなき内–存（das In-Sein ohne Inhärenz）」に他ならない。[12] 従ってエックハルトの或るテキストでは、『原因論』を援用しながらも作用因的な自然因果性の表象から脱離して第一原因を際立たせるために、「本質的原因（causa essentialis）」、更には「本質的始原（principium essentiale）」という名称化を特権化する。[13] この点と関連してエックハルトの『創世記註解』でも、神の霊は、ただ単にものの乃至は存在するものの原因であるだけではなく、原因のratio（理拠・理念）である。「始原にことばがあった」、すなわちratioがあった。従って神的なものの内には、原因という名称は場所を持たず、むしろratioという名称が場所を持つのである(14)。

と述べられている。この問題構制を通しては、（プラトン的には）「諸々のイデア（ideae 諸理念）のイデア（理念）(15)」、（アリストテレスの精神論・知性論からの伝統では）「（諸）形相の形相(16)」の在り処が指示されていることにもなろう。つまり、すべての存在するものからの規定性を超えて、然るにすべての存在するものにそれ自身よりも内奥にratio（根拠）として存立する「ことばの最根源的な在り処（ut non solum hoc sit in illo, quodlibet in quolibet, sed hoc sit illud, quodlibet quodlibet）」が、„in principio erat verbum"（始原に於いてことばが在った）という聖句の「に於いて」を通して指示されているのである(17)。

確かにラテン中世における新プラトン主義の潮流との影響呼応関係という大きな枠組みは、エックハルトの存在理解、神論、更にはこの神論から開設される独自の形而上学構想の研究にとって、欠くことのできない極めて重要な視点であることは疑い得ない(18)。然るにここでこの視点からの思想連関を主題的に追究する余地はないので、(本論稿第二節で問題化された叙述との繋がりで)理拠・理念(ratio)と規定される言葉(verbum)と知性(intellectus)との関係が解明されるエックハルトに固有なコンテキストに改めて注目することに焦点を絞りたい。『ヨハネ福音書註解』では、「ことば、即ち ratio は、人間に固有なものであるところの理性的なもの(rationale)に係わる」(In Ioh n. 10)という言明がなされる。それと共に、ことばが有する発出するもの(procedens)――それは、絶えず生まれ、また生まれたもの(semper nascitur et semper natus est)でもある――という固有性からは「……それは、ことばが ratio であるからである。ratio は知性に係わっており……」[19]と述べられる文脈が見出せる。第一の言明では、人間に固有な精神的能力を成立せしめることばとして生み出される ratio に焦点が当てられており、人間において現れ出るよりも原理的な ratio の先在性(「〔そしてことばの内にある〕生命は人間の光であった」――ヨハネ福音書第一章三節)へとコンテキスト全体に即してのエックハルトの解釈枠が定位されていることを示している。第二の言明は、先の言明との意味連関上の断絶を示すことなく、知性(intellectus)の固有性(proprietas)の下でのことばとしての ratio の絶えざる現勢的存立を明言している。そしてその前後のテキストからは、ことばとしての ratio は絶えず現勢的に知性認識する知性において本来的に産み出されているのであり[20]、その際に知性とは「……それ自身においては、即ちすべてのものの始原においては、その全体として本質による知性であり、その全体として純粋な知性認識活動である[21]」という哲学的主張を読み取ることができる。上記の二つの言明箇所だけからでも、ことばとしてのratioは、「すべての存在するものにとっての始原根拠（Anfangsgrund）」という意義（＝存在するすべてのものの諸理拠・諸理念の統一根拠として,causa primordialis, essentialis et originalis'であること）を保ちながら、純粋な知性体において常に現勢的に（in actu）懐胎される自体的に単一なる理念（idea）という身分を有すると理解される。[22] 従って、ことば（verbum）―現勢的理念（ratio ut conceptio actualis, cf. In Ioh n. 6）の在り処は、存在するものからアポステリオリに形成／抽象化された「概念」を境位とするに先立ち、また概念形成の営為にとってもその始原根拠として、存在するものを無条件に超越しつつその理拠であるところの知性活動であることになる。[23]

更にエックハルトは、物質性を有する質料的自然における連関だけでは――形相の潜在性からの現実態化は見出されても――理念は存在しないのに対し、「〔……〕ただ理性的なるもの、知性的なるもののみが理念を受け取って知る。そしてこのことの故に、知性においてはそれ自身における結果はただ単にことばなのではなく、ことばと理念なのであって、既に言われたようにロゴスは両者を意味表示しているのである」[24]と述べる箇所で、理念の在り処としての純粋な知性的生命（活動）の卓越性を改めて強調する。知性認識において産出されるものを「潜勢力によっては（virtute）同時的に有し、かつ結果が形相的に有するより卓越して先有する（praehabet et eminentius habet）」理念・理拠としてのことばこそは、本質的始原の自然的諸条件（conditiones cuiuslibet principii essentialis naturales）を充全に満たすのである。[25] そこで（端的に現勢的な）理念であるところのことばの存立は、知性的活動に固有な「形相的流出（emanatio formalis）」（更に三位一体論的なキリスト教神学の準拠枠を通しては、「位格的流出（emanatio personalis）」）と規定され得るのであり[26]、時間の内部での作用因連関から独立して、始原根拠と本質を同じくする「出生（generatio）」であることが理解されるようになる[27]。

ことばの「出生」が本質的始原（principium essentiale）**に「於いて**（in）**」であること**[28]**、そしてこの出生は ratio の二重の存立規定に即しての〈自己活動態**[29]**〉であること**——これらの、エックハルトにおいて不可分に統一されている中心主張を含蓄し準備的に示唆するテキストの解釈を上述に敷衍したのであるが、『ヨハネ福音書註解』の根幹部を改めて「霊魂の根底における神の誕生」という思想の根本モチーフとの連繋へと開明することが次の課題となる。「出生・誕生（generatio, Geburt）」とは「或る生けるものが、連結された生ける始原からの起源を有することを固有に表示する[30]」のであるならば、ことばの「出生」（または「発出（processio）」）はその始原と共なる（apud principium）同等性（aequalitas）・共本質性（consubstantialitas）における生起であることになる（従って、類比的に analogice〈下からの sub principio〉分有関係から規定されるのではなく、むしろ存在するものの秩序において類比性が成り立っていることそれ自体の根拠でもある[31]）。この主題をエックハルトは——『ヨハネ福音書註解』の中では——、時間的経過を通して生産されたもの（productum）／作品に対しての職人・芸術家の精神の内にある「技術そのもの（ars ipsa）」の先在性から開陳し[32]、続いて「義人である限りでの義人（iustus）の始原である義そのもの（ipsa iustitia）」における ratio の性格を詳細に展開することによって[33]、その理解の地盤を確固たるものにする。産出されるものに対してそれによって（そこから）働きを及ぼす「精神の内なる始原」は、純粋に形相的な技術そのものの存立としてあり、それとは異質のものである「質料、〔空間的〕場所、時間等々のものからは区別される」[34]。つまり始原におけることばの在り様は、「自然と技術／芸術のすべての業に関連して……解釈される」[35]のであって、技術／芸術そのものが精神に内在する形相として存続し留まっている限り、（生産される技術—芸術作品の）始原との同等性において在るのと同様である[36]。従って、この意味連関で「ことばそのもの、被造的諸存在者の範型（exemplar）」は、質料および時間へと外在化された形象（figura）を起点としてではなく、「〔精神に〕内属する形相の理念（ratio formae inhaerentis）」に基づく「範型による形相ないしは原因（forma vel causa exemplari）」を表示しているのである[37]。更には、「……義はそれ自身の内に範型を有しているということであり、その範型は類似もしくは理念／理拠（similitudo sive ratio）[38]であり、それに於いてまたそれへと向けて[39]、義はすべての義人と義なるものを形相化し形成し、また飾るのである」[40]と述べられている。理念（Idee）は——プラトン主義の伝統に則っても——、理念によって形づくられるもの（Ideat）の内的根拠として臨在する（παρεῖναι）のであり（cf. In Ioh n. 93; n. 151）、始原である義に於いて生み出された「義のことば」である「義人である限りでの義人」によって、義はそれ自らを表し明らかにしている[41]。同じ文脈で続いて、「義は、ただそれ自らにとってと、義そのものによって受け入れられた（assumptus）義人にとってのみ知られる」という言明が導き出されるが、ここで受肉論を巡っての神学的含蓄が〈「発出」／「出生」（自己表明としての差異化：ペルソナにおける他者 alius in persona）[42]と「内存」（外化としての異他性からの離去：non aliud in natura）[43]の遂行的統一〉[44]という根本事態へとエックハルトによって哲学的に解明され、ratio として存立することばの包括的な開示機能へと普遍化されるのを観て取ることができよう。[45]更に三位一体論的背景[46]さえも、「生む義」――「生まれた義」――「義の業」という流出連関内でその中間項を媒介として解釈されるのであり（「義はそのすべての業を生まれた義を媒介にして行う。それは即ち、何らかの義なるものは義なしには生まれ得ないのと同様に、生まれた義なるものは生まれざる義なしには存在し得ないのである」）、従って「生まれる（出生‐発出）」という自己表出的差異化自体が、その始原そのものに於ける「始原なき始原」（＝「生まれざる義そのもの」）の〈限定を脱去せる〉一性を先行基盤とする生起（＝生命・光）であることが洞察可能となる。[47] 特に注目すべきは、ドイツ語説教第三十九番（Nr. 39）»Iustus in perpetuum vivet et apud dominum est merces eius etc.（Sap. 5, 16）«においては、義なる者である限りで義なる者[48]が明示化されて現れるまでは（biz daz der gerehte offenbære werde und schîne als ein blitze, cf. Is. 62, 1）「出生・誕生」へ向けての途絶えることのない働き（上記の表現では「義の業」）が営まれている、とされる。[49] 即ち、義の自己表明である他はない「義人である限りでの義人」の存立は、人間の行いからの志向的な産物ではあり得ないのであり、[50]「（義そのものである）神以外の何ものもその内に働くことのない」[51] 同等性としての「子の誕生」に他ならないのである。[52] 被造性における外部から動機づけられた働きかけが無化されることによって、「神が汝を内部に魂の内奥において突き動かさざるを得ない[53]」神の子の出生へと霊魂の営みの中枢が開放される霊的修練は、後期エックハルトのドイツ語論考著作『神の慰めの書』の中心モチーフとしても展開されている。[54]

〈魂の内奥／根柢に生まれ出ることば〉＝〈神の子の誕生〉と定式化される相関が「始原の自己表明」として同一の根本事態を意味指示することの強調は、単にエックハルトの中心思想を形成し幾重もの枠主題を伴って展開されるだけではなく、この根本事態の自覚的開示自体がその——テーゼとしての基礎づけをも可能にする——思惟の成立根拠を照らし出すことになる（「始原におけることばの生命は、人間の光であった[55]」）。続く第四節の問題構制にここでの思惟の歩みが押し進むに先立って、上記に定式化された根本相関の開明が両方位からもう一歩厳密化されることが必要であろう。両方位からの厳密化とは、既に第二節の部分で主としてドイツ語諸説教の解釈を通して叙述にもたらされた「魂の内部へと生み出され秘匿されることばの本質現成」の場所論的究明が敷衍される一方向と、「自然においてであれ、技術においてであれ、すべてのものにおいて、すなわち存在と認識においては、子（＝始原における ratio としてのことば）の出生がすべての働きに必然的に先行している[56]」という言明からの解釈学的帰結の含蓄を明晰化するもう一つの方位とを意味する。

「魂の内奥」という隠喩的表現は、幾つかのテキストにおいて「魂の最高部」とも述べられており、[57]更に魂における「知性的-認識活動的な本質存在（ein vernünftic bekennelich wesen）」と規定される。[58]この「魂の内なる知性的活動本質」は諸能力の分化に先行するそれらの統一根元なのであって、[59]人間の「能力としての知性（＝人間の光）」の認識活動はそこから派生することによって〈本質における知性活動の分有態〉として働くことになる。[61]そこで人間の知性活動の最高の可能性は、「内的に見出されるところのもの、〔……〕魂の根柢に、魂の最内奥に、知性的活動本質の内に住まい、外へと向かわず如何なる〔外的な〕事物へも眼差しを向けることのない[62]」不可変的で単一なる知性認識（unumintelligere）[63]への還帰（すなわち、分有構造を通しての始原への遡行）[64]であって、存在するものの圏域に拘束されることなく存在するものの圏域を超え出る仕方で「この力によって魂は非存在者の内で働き、非存在者の内で働く神に従うのである[65]」。それ故、魂の内奥を成すそれ自体活動的な知性本質（grunde der sêle, vünkelîn der sêle）は、（存在するものを基点とする限りでの）存在という規定に先立って存在の根拠・理拠（ratio）である「神の根柢」との統一の内にある。[66]エックハルトに特徴的な次のような一連の諸言明――「そこでは、神と魂の間の真正な合一が生起する[67]」、「神の在るところそこには（私の）魂が在り、そして（私の）魂が在るところそこには神が在る[68]」、等々――は、魂の基底的本質から分離されて実体化されるものは未だかつて生ける神であったことなく、[69]精神的能力を通して分有（participatio）関係を遡る媒介的な上昇の道に先立って、「神がその神性全体と共に魂の根柢の内に在る[70]」〈神秘的合一 unio mystica〉の魂内在的な知性本質における基礎を示唆している。従って、霊魂のそれ自体活動態にある基底的知性本質における「ことばの出生」とは、神の一性的本質（神の根柢）からの「子の永遠の誕生」と同一かつ同時なのであり、(71) ここでは帰属的類比性も分有関係も成り立たない（――「絶え間なき誕生」とも述べられるように、(72) 時間的開始（Anfang）を有するような、或いは突発的に生起するような行為と理解されてもならない――）(73)。

さて上述の**〈ことばの出生と子の誕生の同一性〉**が成立する場所論的究明は、存在するもの全体の（時間と共なる）創出の開始という神学的内実をその普遍的に存在論的な基礎から解明することを可能にする。つまり「初めに（＝始原において）神は天と地を創った」（創世記第一章一節）というユダヤ‐キリスト教的な創造理解にとっての原基の表明は、時間における外的な因果性へとは一切関与することのないイデア的理念(74)の単一性における一切の存在の包含を意味しており、(75)「始原において」とは存在を有するものの始原根拠 ratio としての「イデア的‐範型的理念、ことば＝子において」に他ならない。(76) 従って、「子の出生はあらゆる働きに必然的に先行している」というエックハルトの言明は、『ヨハネ福音書註解』のコンテキストにおいても「すべてのものがそれによって生じた。それなくしては、無が生じた（Sine ipso factum est nihil.）」（ヨハネ福音書第一章三節）の当該箇所を自然的理拠から解明する哲学的解意（すなわち、始原における子の出生＝すべての存在者が創出される（時間と共なる）働きにとっての始原の範型的理念性格(77)）からの全射程にその真理主張が及ぶことになる。「自然においてであれ、技術においてであれ、すべてのもの」

を貫いてその存在の生起と認識の遂行は、「理拠（ratio）としてのことば＝始原における理念的出生」を先行基盤としている。[78] この思想背景からエックハルトは、「ことば、子には……最も内奥に在るということが属する」[79] と言述し、「『光は闇の中で輝いている』、何故ならば始原は普遍的・一般的には、それ自身の内に隠されたるものとして潜んでいるが、始原から根拠づけられたもの、そのことばにおいては輝き、明示されているからである」[80] と註解する。

われわれはここで、本論稿のこの第三節の最初で（『ヨハネ福音書註解』の序文に則って）エックハルトの全著作を通底する組織的な解釈原理を問題化した地点へと再び回帰する。始原における（自体的に生命・光そのものである）理念的出生から知性能力（「人間の光」）として派生することによる認識の営みは、「より後なるもの」であるところの自然的・技術的諸理拠の媒介を経て始原における単一なratioへと遡源的に還帰する動性を通して、自らの真理性を得ることができる。[81] 同時にこの「人間の光」であることに基づく知性認識の進展は、「〈魂の根底における知性的活動本質〉において生まれ出る前‐超越論的に始原であるところのことば」[82] の自己解明の営みに他ならないことが、エックハルトの聖書解釈原理に基礎を与えている。何故ならば、始原と始原の表明は始原においては一つであり、始原を表明することばから成り立っている聖書とキリスト教真理の全体は、「〈始原である限りでの始原〉全体を担う」ことば[83]が認識過程を通じて自ら自身へと還帰的に到達する円環性[84]において開明されるからである。以上の思考パラダイムからエックハルトの註解における次のテキスト、「『始原においてことばがあった』。注目すべきことは、宇宙（universum――存在者の総体）のすべてのものは〈世界（mundus）の創設以前には〉無ではなかったのであり、何らかの潜在的な存在を有していたのであり、それは私が『神は光を見て、それを善しとされた』（創世記一章四節）という文章について注記しておいた通りである。〔……〕」[85]の意味が開明される糸口が見出される。ここで、「無ではなく、何らかの潜在的な存在を有していた」とは、始原における単一なイデア的理念としてのことばが（自然・技術の全領域における）存在するもののすべての諸理拠・理念（rationes）を潜在的に包摂している事態、と解釈できる[86]。しかし、それに続いて述べられる「神は光を見て、それを善しとされた」という聖書の言葉への遡及はどのような意味連関をさし示すのであろうか？　『創世記註解』を参照してみると、それに先行する節「神は語った、光あれ」（創世記一章三節）についてエックハルトは、「注目すべきことは、神は光が産出される前に語ったと読んではならないということである。というのは、第一にことばそのものが光であるからである[87]」と記している。つまり、始原そのものにおけるその自己表明であるところのことばの内的生命が光なのである。そこから次節の「すると光ができた、神は光を見て善しとされた」は、被造的存在者全体との関わりで始原におけることばの内的生命が現れるように成った（即ち、「光ができた（＝それ自体では〈闇〉である他ない被造的存在者全体においても照明となった）」）限りで「（創造者の意志に対して）善しとされた[88]」と解するべきとされる。ここでも、存在するものの諸理拠が始原におけることばの内的生命に懐包されてあること（即ち、「知性的光の輝きの中にある」こと）が前‐時間的な原事態として先立っている（＝時間的秩序それ自体全体に先立つ）のであって、[89] この事態は「世界の創設以前の……原初的・本質的で、本源的な原因における働き[90]」に他ならない。エックハルトが『ヨハネ福音書註解』本文の冒頭で『創世記』一章三―四節の語りの包括性に注意を促すのは、「神が語ること」における始原的ことばはただ唯一であり、始原における同一の理念的ことばの内なる光へと聖書全体の開明は遡源され現在化されるからなのである。[91]

第四節　〈神その者からのことば性格〉へ向けての究明

「始原においてことばがあった」（ヨハネ一章一節）――この聖句が全聖書のキーワードであり、また聖書と伝承を通して表明された真理を解釈する基礎であることは[1]、前節（第三節）における問題構制の下での究明に不可分に伴って明るみへともたらされた。そしてこの句は同時に、エックハルトの思惟の営み全体が依拠する遂行基盤として解明され証示されてゆくのである。その上でわれわれはここで更に一歩、神なる者における内的生命（または、「最も内奥に存在する神[2]」）について理解が閃く反省的理拠がその〈内的生命自体のことば性格〉から保証される地点へとエックハルトの思索が押し進むことを主題化してみよう。『パリ討論集』の中で、エックハルトは次のように述べる――「『始原にことばがあった』……だが福音史家は次のように述べたのではない、『始原において存在するもの（ens）があった、そして神は存在するものであった』と。然るにことばは、その本質全体に即して知性へと関係づけられている。ことばはそこ〔＝知性的本質〕において、語るものもしくは語られたものとしてあり、混合〔＝知性に存在が混合〕された存在または存在するものとしてあるのではない[3]」。純粋な知性的本質における内的生命は、自らを

「語り出す」と共に「語り出された」自ら自身として「ことば」の生起であり、そこでは「神の出来（流出）は神の入来（還帰）」[4]である（従って、存在するものへと下降する傾きを持つ限りでの「存在」との混合は生じていない）。

エックハルトは、神の内的生命のことば性格をその「語りの様式」に注目しつつ、ドイツ語説教第四十九番（Nr. 49）»Beatus venter, qui te portavit, et ubera, quae suxisti（あなたを宿した胎、あなたの吸った乳房が幸いなるかな）«（ルカ福音書第十一章二十七節以下）において一層明確化する。

キリストは仰せられた、「神のことばを聞いてそれを保つ者は、幸いである」。さて、熱意を込めてこの意味に注意せよ！　神である父自身はこの同じことば以外に何も聞くことはなく、この同一のことば以外に何も認識することはなく、この同じことば以外に何も語ることなく、この同一のことば以外に何も生むことはない。(1) このことばにおいて、父は自ら自身を聞き認識しそして生むのであって、それはまたこの同じことばでありすべての事物であり根底に至るまでの自らの神性であって、本性に即しての自ら自身と異なった位格において（mit der selben natûre in einer andern persône）同一の本性を有するこのことば、なのである。さあ、今やこの（神の）語ることの様式に注意せよ！　父なる神は、認識しつつ実りをもたらすことへ向けて、彼の固有の本性を余すところなくその永遠のことばにおいて語り出す。何事かが意志の威力によって語られたり為されて、また正にこの意志の威力において中止されたりできるようには、神である父は意志の力から（von willen）ことばを意志の一つの行為として語り出すのではない。父なる神とその永遠のことばにとって事情はそのようではないのであって、欲しようが欲しまいが父はこのことばを絶え間なく語り出し生み出さざるを得ないのである。というのは父なる神は、それ自身であるところのものとしてその本性の全体において本性に即して（natiurlîche）或る根元としてあるからである。それ故、(2)父なる神はこのことばをすすんで快く（willicliche）生み出すのであるが、故意に意志の力からなのではなく、本性にふさわしくではあるが自然的存在者の在り様に基づいて（つまり、本性から外へ niht von natûre）なのではないのである。(5)（傍線と(1)(2)の番号は著者による）

筆者の解釈を伴った翻訳引用の中で、先ずは下線をほどこした(1)(2)の部分について立ち入って言及したい。(1)神は自ら自身から自らを生み出したことばにおいて自ら自身を聞き認識する、と述べられている。ドイツ語説教第五十三番（Nr. 53）でも「神は自ら自身を語り出すことばである（=を在らしめる）。神が在るところではいつでもこのことばを語り、神が存在しないところでは常にこのことばを語らない(6)」と明言されるように、このことばは神がその同一本性（神性）において自立せしめる自ら自身〔non aliud in natura, sed alius in persona（本性において他なるものではなく、ペルソナにおいて他者）〕に他ならない。更に「父なる神は語り出す働き（ein sprechendes Werk）であり、子はその働きを及ぼす語られたもの（ein wirkender Spruch）である(7)」と定式化されることから、ことばが神の内的生命の動的な統一態として本質現成することが読み取れる。このような本質現成においては、語り出す（生み出す）遂行からの語り出された（生み出された）所産の差異化が「始原がその本性に即して自らを表明する」自己活動態としての一なる遂行へと統一されていることを示している。[8] (2)神の子の誕生としての始原的ことばの出生は、随意的な動因に駆られてではないことが銘記されるべきである。『ヨハネ福音書註解』には「……父の意志は、父が本性的に子を生み、子を所有することである」[9]という文章が見出せるが、この参照箇所からも〈神が自らを語り出す様式〉、従って〈神その者からのことば性格〉は神の本性そのものの在り方であることを呈示している。即ち、自ら自身を語り出し（それ自体が異他化されることのありえない）語り出されたことばへと関わっている自己活動的で内的な遂行態が「その根底に至るまで」の神性の場に他ならないのであって、[10]それは上記の引用内でも「神である父自身はこの同じことば以外に何も聞くことはなく、この同一のことば以外に何も認識することはなく、この同じことば以外に何も語ることはなく、……」と述べられている通りである。「……神的なものにおいては、その出生と息吹き（呼吸）の根本的な始原はその神的な本質である。それ故、父は父を生み出すのではなく、父を息吹く（呼吸する）のでもなく、神を生み出し息吹くのである」[11]といった言明も、単に教義化された三位一体論の定式の適用からでは肉迫し得ない思惟における透徹によって開かれる「秘儀講話的な呼びかけ」を表明している（既に論究されたように、〈思惟における透徹〉がそこから発しそこへと遡源する「魂の基底的な知性的活動本質」は、神の子の絶えざる誕生としての「始原におけることば」の在り処と同一なのである」。

以上に叙述された〈神その者からのことば性格〉が開明される関連脈絡で、聖書的な神の自己表示である ›ego sum qui sum‹ は決して単なる同語反復なのではなく、それ自身においてことばであるところの「神性の全き自己還帰（reditio completa in se ipsum）」、自らの内に自らへと関わることによる遂行された生ける統一として理解されるようになる。『出エジプト記註解』の重要な箇所でエックハルトは次のように述べる——「……›sum qui sum‹ と二度言われる繰り返しは、神その者からすべての否定的なものを排除するので、肯定の純粋性を示唆している。[11] 更に、存在そのものの自ら自身の内への自ら自身の上への或る回帰的転向、自ら自身に留まることと確固不動であることを意味表示する。だが加えて、ある種の沸き立つこと・湧き出て溢れること、もしくは自ら自身を生み出すこと、〔……〕、全く自ら自身によって自ら自身全体を（完全に）透徹しつつ、そして自ら自身が全く自ら自身全体の上へと転向及び翻転したものとして、光における光であり、また光へと向かう光を意味する」[12]。人間における精神活動（「人間の光」）が自らに非類似なるものへ疎外された異他性[13]から精神の自己へと継次的に自己認識を通じて回帰するのに対して、『出エジプト記』における神の自己表示はその本性を精神の全き自己還帰とする「純粋で完全な肯定[14]」を意味しているのである。

聖書伝承を通しての神の自己表示が上述のように思惟に近接して明るみにもたらされることに

よって、神それ自身からの始原的ことばにおけるその自己活動的な遂行における一性の性格が〈negatio negationis（否定の否定）〉という規定においてエックハルトによって主題化される全体的連関が改めて洞察されるようになる。その内に如何なる否定性も介在し得ない一性（端的なる一unum simpliciter）の成り立ちを「否定の否定」として思惟することは[15]、一性からの下降における否定的なるもの（negativum）――すなわち、一性に対立する多性の現出（multitudo ut negativum）――が純粋な肯定へと超出して除去されることを意味する[16]。「一そのものは否定の否定であり、その際の【前者の最初の】否定とは、一が対立するところのすべての多様性がそれを含んでいるものであると私は主張する。しかし否定の否定は肯定的存在の精髄であり、純粋性であり、重複（繰り返し）である。『私は在るところの者で在る』（出エジプト記三章一四節）[17]」。何らかの限定された存在であること（ens）とその存在者性の欠如（non ens）の対立及び存在者であることの相互の区別（distinctio）は、一性そのものの遂行される統一に対する存在論的否定性において生起している。つまりすべての被造的存在者――従って宇宙（universum）全体――は、それ自身において否定的な拒絶（versagen）を担うことによって成立しているのであれば[18]、この否定的拒絶による存在の差異化が〈思惟の透徹〉を通して再び（＝自らの始原へと遡源する回帰において）否定されることによって、存在者化（＝最初の否定性）によって差異化されないところの非差異性（即ち、純粋な一性、端的に「存在することそのもの（ipsum esse）」としての始原的ことばにおける神の遂行的な自己同一）が規定可能になる――「……神は存在であるから、神には何らかの存在が欠けているとか不在であるとかということはあり得ない。何故ならば、存在は欠如していることや不在であることに対立するものであるからである。従って神は、宇宙の何らかの部分ではなく、宇宙の外の或いはむしろ宇宙に先立つより高次なる或るものである。そしてこれ故に、神には如何なる欠如も否定も帰属することなく、もっとも純粋な肯定の真髄であり冠であるところの否定の否定が神にとって、そして神自身にとってのみ固有なのであり、それは次の言葉によっている。『私は在るところの者で在る』[19]。従って否定性はそれ自体として、純粋な遂行的一性であるところの神の固有な在り処には帰属し得ないが[20]、逆に一性の遂行的存在そのもの（esse ipsum）は「否定性の否定」へと否定性を脱去する自己統一において存在するすべてのもの（ens）に――その最内奥から〈内属することなき内存[21]〉として――無媒介に関わっている[22]。エックハルトがドイツ語説教第二十一番（Nr. 21）で、「……然るに、神は否定することの否定を有する。神は一であり、神の外には何も存在しないのであるから、すべての他なるものを否定する。すべての被造的存在者は神の内にあり、神自身の神性であり、〔その神性とは〕私が以前に述べたように充溢を意味する。神は全神性の一なる父である。それ故私は一なる神性と言う、何故ならそこでは未だ如何なるものも流れ出ていないし、触れられも考えられもしていないからである[23]」と語る場合、存在の無化（充溢の欠如化）であるところの否定性を否定するところの一なる神性の内にすべての存在するものの存立が保持されていることを示唆している[24]。ところで上記の引用で、「……そこでは未だ如何なるものも流れ出ていないし、触れられも考えられもしていない」と述べられる〈それ自体の内で自己活動的に遂行されている一性としての神性の在り処〉は、本論稿第三節の末部で〈すべての存在の生起と人間の光〔知性能力〕への派生化による認識遂行の先行基盤に他ならない〉始原における理念的ことば（＝子）の出生の場として明らかにされたところのものである。[25]そしてこの理念的出生は、同時に「魂の根柢における知性的活動本質」を同一の始原とする知性的ことばの懐胎であり、それは本論稿第二節の論究の後半部では〈外的に表出化されない前–像化的な「魂の内部へと生み出され秘匿されたことば」の非表明（un-sprechlich）性格として考察が着手されていたところの事態である。[26]

ドイツ語説教第五十三番（Nr. 53）は、「アウグスティヌスは述べる、『聖書全体は空虚である。人が、神はことばである、と言うならば、神は言い表されている。人が、神は言い表されていない、と言うならば、神は言い表すことができない』、と。そのように、けれども神は〈確かにことばにおいて問題になるところの〉何らかである。誰がこのことばを言い表すことができようか？それは、自ら自身を言い表すことばである以外の誰でもない。神が在るところ、そこでは神はいつもこのことばを語る。神が不在であるところ、そこでは神がこのことばを語ることはない。神は言い表され、そして、言い表されないのである[27]」との言述を提起し、そのパラドックスを孕んだ弁証論的な問題構制を通して、始原におけることばの思惟による規定可能性の問いを先鋭化する。つまり、神が自らを語り出すそのことばは外的表出へ向けて像化する言語からは「言い表されない（unsprechlich）」ところのものとしてのみ思惟の規定へと表示される。他方、「神は言い表される」という始原的ことばにおける自己活動的な遂行の一性の肯定性格は、そこから差異化した否定性からは「言い表わされない」のであり、それ故に〈否定性の否定〉としてのみ指示されるのである。そして更にこの〈否定性の否定〉とは、正に「魂の根柢である知性的活動本質において生み出され秘匿されていることば」からの発現に基づき、このことばその者の在りかたは通常の言葉における言表可能性の否定を表示するところのものに他ならないのである。(28)

第五節　言語の根源的な思弁性（Spekulativität）とエックハルトの像（Bild）論との関連点へ向けて

ハンス＝ゲオルク・ガダマー（Hans-Georg Gadamer, 1900-2002）は、その主著『真理と方法』（初版、一九六〇年）の第Ⅲ部（「言語を手引きとする、解釈学の存在論的転回」）で周知のごとく、〈人間の世界経験の原初的かつ本質的な言語性〉[1]の徹底化から〈言語としての解釈学的現象の普遍性（「理解され得る存在は、言語である」）[2]〉というテーゼを主張するに至った。その際言語とは、思惟の考察内容となるに先立って思惟そのものの営みと本質的に結ばれており（die Sprachgebundenheit des Denkens＝理解の遂行様式としての言語性）[3]、思惟の超越論的反省にとってもその反省の遂行の媒体であるところのものに他ならない[4]、との背進不可能な始原的な〈現象（Phänomen）〉として規定される。そこでは、二十世紀後半に哲学的解釈学の潮流と共に推進された〈解釈学的普遍性としての言語把握〉――或いは、言語的なものと理解される現象の（理解にとっての）解釈学的普遍性要求――が正に問題となっている。但し、この言語性に即した解釈学的普遍性の要求そのものが成り立つ知の在り方に内在的な批判的基準（ratio 理拠）が遡って問われ究明される方向は然るに、この書全体の思想構造からは排除されることになる。むしろガダマーはその第Ⅲ部の根本主張を一段階徹底化した自己省察へと展開する章で、絶えず継続形成するものである言語生起は「歴史的経験の有限性の痕跡」によって規定されている、とする。(5) つまり、人間の有限的本質を「自己自身(「伝承への帰属 Zugehörigkeit において在る自己」)」と「世界開示及び両者の原初的な共属性(Zusammengehörigkeit)」へと媒介する歴史的経験が言語生起へともたらされているのであって、(6) この媒介こそは「言語の中心(die Mitte der Sprache)」として――存在現実と精神の無限性の超越論的共属性(或いは対応関係)が言語の本質が成立する在り処の思考前提となっている形而上学的伝統に抗して――哲学的に正当化されねばならない、と考えるのである。(7)

上記のようにその端緒の叙述が試みられた限りでの〈解釈学的言語理解〉からの挑戦は、われわれのエックハルト的言語理解の研究を歴史的対決(eine geschichtliche Auseinandersetzung)へと導くことによって洗練化するには、その対話的批判のための準拠枠を掘り下げて明らかにする作業を本格化する必要があろう。但しそのためには、言語哲学上の諸前提を立ち入って論じなければならず、本論考の企図を大きく踏み越えてしまうことになる。しかしながら、上述における「歴史的媒介の生起としての言語の中心」をガダマーが更に「概念的媒介に先行する鏡像(speculum)・思弁的構造(eine spekulative Struktur)」と規定するに及んでは、(8) この思考動向に対し逆にこれまで本論稿を通して探求したエックハルトの言語理解が直ちに反問を伴って対峙し、そこから開かれる発展的な思考空間へと自らを更に構図化せざるを得ない。ガダマーは言語の鏡像性格・思弁性を、形而上学的思惟において論理化された内容（プラトン・アリストテレスにおける哲学的ロゴス）に先行する言語的分節化（Artikulation 分肢構造化）の次元、すなわち「〈伝承の内にあって〉理解され得る現象が言語生起へともたらされる」解釈学的弁証法において捉えようとする。[9] その際に弁証法（Dialektik）といっても、ヘーゲルの意味規定の下での「〈思惟の遂行が思惟の内容そのものに一致する〉概念の弁証法」的叙述を通して思弁的なるもの（＝自らを現出し反映させる sich spiegeln ところのもの）が自らに到達するという哲学的に過度な要求[10]は修正されるべきものとされ、理解の遂行形式としての〈世界経験の言語性〉それ自体において「意味の無限性が有限な描述へ」ともたらされる弁証法の鏡像・思弁的性格[11]において捉え直されている。けれどもこの段階でも、理解の遂行一般における解釈学的現象の言語性格が鏡像的・思弁的構造として知解される根拠（従って、言語の解釈学的鏡像性・思弁性が知の内容として主張され得る制約）は全く問われることがない。ガダマーにとって〈それ以上遡って問われ得ず基礎づけを拒絶する〉現象学的に原初的な事態は、この思考連関では「像の把握し難さ（die Ungreifbarkeit des Bildes）、（無際限な意味との弁証法的運動における）純粋な描出の浮動性・不確定性（das Schwebende der reinen Wiedergabe）[12]」が人間の語る言葉の基本構造であることに他ならないのである――「既に語ることの日常的遂行において、そのように思弁的な鏡像性は明白である。〔即ち〕意味の最も純粋な描出・再現であるところのものの把握し難さ[13]」。このような知性的に思惟の規定へとは「透徹されない」像性及び言語の根本性格[14]を基点とすることに対しては、エックハルトの思惟からの哲学的含蓄は真っ向から対立する。

われわれは既に、言語の本質現成である「始原における出生（generatio）」が（すべての歴史的媒介の生起に先-時間的に先立って）それ自体知性的に懐胎された最根源的な ratio（理拠・理念）としてエックハルトの思考全体に通底する活動原理であることを、幾重もの考察を貫いて見出し確認してきた。この「内奥へと知性的に出生し、秘匿された（＝外的表出へ向けての時間的・歴史的媒介に取り込まれない）ことばの存立〔＝内属することなき内存〕」がエックハルトにおける像理解（Bildlehre）の展開へと連繋する解釈学上の布置を、以下その最も中心的な思想的エレメントに即して浮き彫りにすることを試みることにしたい[15]。

（i）神とその像——ラテン語では imago——との「不可分離的な一致[16]」の存立は、それ自身がすべての存在現実を成り立たしめつつ、自らに完全還帰する神の活動態としての遂行における一性[17]を在り処としている。その際、像性が神の像（imago Dei）としてこの遂行的一性の自己活動態において存立することとの思惟による究明は、神的生命の内部で不断に現勢態へと出生する知性的理念であるところの始原的ことば[18]が「被造的存在者性の下での存在生起と認識遂行の最根源的な単一の ratio（理拠）である[19]」事態からその基礎を保証される。更に前者（＝神の像 imago 性）は後者（＝始原的ことばの知性内的出生）の活動的動態をその内部構造としていることによって、存在論的に静態化する図式へとは固定化されることはあり得ない。同等性（aequalitas; Gleichheit）

は始原における像の像性を構成する本質性格である（外的表出へとは語り出され得ない「始原的ことばの出生」＝「子」の誕生[20]）。神性における像の成立は、神その者からのことば性格として、（作用因的な結果を含むことのない）形相的流出 emanatio formalis（形相的表出 formalis expressio[21]）に他ならない。そしてこの神性の遂行的・再帰的一性における「神の像化」は、意志的発動ではなく、神的本性それ自体からの無媒介な像化なのである[22]。

(ii) 人間の魂には神の像性が存立している在り処があり、この原像（Urbild）に魂が一致することにおいて人間は神と一なるものである――これは、エックハルトがとりわけそのドイツ語諸説教を通して強調する根本思想である[23]――。「知性的本性のみが、神の内にあってイデア的な何らかのものに勝って、神そのものを〔自らが類同化するところの〕similitudo に有している[24]」、更にまた「アウグスティヌスに従えばすべての被造物の内に〔神の〕similitudo は存するが、imago が存するのは知性的被造物においてのみである[25]」が故に、人間的魂の知性的本性は神の像がそのものとして混じり気なく成立し得る場なのである。魂の内なる神の像（imago）の在り処は、（すべての精神的能力の分化にも先行してその根元であるところの）魂の基底的な知性的活動本質においてである――「魂内の最高部である知性的本質の火花、従って魂の男性であり神的本性の火花のようなものであるが、それは神的光にして光線であり、神的本性の刻印された像である[26]」「魂は自らの内に或るもの、決して消えることなき知性的に認識する能力の火花を有している。そしてこの心性の最高部分である火花の内へと、魂の像は定立されるのである[27]」。神の原像は、魂の根柢を成す知性的活動本質において無媒介に生み出され秘匿された「ことば性」の内に成立しており、魂における「神の子性」の絶えざる誕生として刷新され、この原像から「神性の同等性による賛美」（ドイツ語説教第十九番（Nr. 19）DW I S. 318 Z. 4-5〔S. 503〕）が沸き起こるのである。

(iii) 然るに――更に厳密に問うならば――、魂の内なる神の子性の出生はどのように起こるのであろうか？ エックハルトは或る説教の中で[28]この問いに対し、われわれのここでの問題連関へ向けて重要な示唆を与えている――「諸被造物が諸々の像や比喩（類似性）において行うようにであろうか？ 確かにそうではない！ むしろ神が永遠性において生む仕方と全く同じである。〔……〕父である神は自ら自身を完全に洞察し、何らかの像を通してではなく、根底を窮め得ない自ら自身によっての自己認識を有するのである[29]」。この引用文の初めの部分に現れる、諸被造物の営みにおいて――従って、神性の自己性・ことば性が成立する在り処（すなわち「何らかの像を通してではなく[30]」）から疎外されて――生じている諸々の「像」は、「（魂にとって外的な事物についての感覚的な）表象像（phantasma）或いは（被造的存在者を通しての人間の知性的認識活動下で形成される）「可知的形象（species intelligibilis）」に他ならず、魂の基底的活動本質の内なる〈神の一なる原像〉から乖離してしまっている[31]。勿論、「事象が（われわれにとって）それによって見られ認識される形象或いは似像[32]」について（即ち、上記の意味での「（魂から外化された）被造的存在者の像」について）エックハルトが主題的に語る際にも、それ等に像としての像の本質的‐一般的理拠が備わっていることが否定されているわけではない[33]。但し、これ等被造性の下での像形成は人間の認識活動がそこから開始され得る限りで（ut principium a quo）不可欠ではあっても、[34] 始原的ことばにおける神性の輝きの継承（「ことばの内にある命は人間の光であった」）を曇らせ（「無の影を宿す」[35]）、魂の知性的本性がその内なる原像へと活生し成就される「子性の出生」の妨げとなるものでしかないのである。[36]

(iv)「像–禁欲（Bildaskese）」という表示をもってエックハルトのキリスト教的霊性を特徴づけ得るならば、その霊性上の創造的刷新が意味するところは、被造性の下に形成されたあらゆる像からの離脱[37]による「神の原像への回帰」に他ならない。[38] それ故人間の魂は、「再出生によって（per regenerationem）」こそ魂の基底的本質における「神の本性と同等の子性」へと導かれる。[39] ドイツ語説教におけるエックハルトの〈秘儀講話的な呼びかけ〉は、この「被造的像性の脱却を通しての神的原像への再出生」を中心モチーフとして語り出す――「魂は、そこに如何なる疎遠なものもなく、それと共に一つの像である〔神の〕像だけが在る像の内に入り行く時、よく教化されている。人は、そこにおいては神と同等である像の内へ置かれている時、そこでは神を捉えており、神を見出しているのである。何かが外へ向かって分散しているところ、そこでは神は見出されない」[40]。「魂は、再び形成され直して刻印され、神の子であるところの像の内へと再度形づくられねばならない。魂は神に倣って形成されるのである。〔……〕子は像を超える神の像であり、その隠された神性の像である。子は神の像であり、そして子はその内に形づくられるので、これに倣って魂も形成される。子が受けるところの同一のものにおいて魂も受ける。けれども、子が父から外へと流れ出るところには魂は停滞していない。魂はすべての像を超えて在るのである」[41]。――従って、被造性の下での魂の知性的本性に開顕する›entbilden（脱-像化する）‹ ›überbilden（超-像化する）‹という用語によって逆説的に特徴づけられたプロセスは、被造的像性を超克する動性（Dynamik）を通しての「神の似像（similitudo）化され得ない本性的自己-像化（Sich- Erbilden）を魂の超-像性（Über-bildlichkeit）へと成就すること」[42]として実現される。従ってこのプロセスの頂点は、神の同形相性・同等性へと隈なく形づくられ（durchformet）[43]変容される（übergewandelt; transformatur）[44]「神の超-像的な独り子（unigenitus）[45]」の本質現成に存するので、この本質現成の動的な営みそのものの内には「（像というカテゴリーを脱去せしめる）像なき神の誕生（generatio）」のみが生起しているのである[46]。即ち、プロセス全体を担う始原にして知性的本質動性を終極へともたらすところの「神の始原-出生」[47]は、如何なる（時間的-歴史的に生成する）媒介的像性へとも取り込まれることはないのであり、エックハルトはその（時間-歴史内の事象性からは）非媒介的な知性的本質・理念・理拠の成り立ちそのものに於いて「ことばの始原根拠」を透察しているのである[48]。外的に表出化される言語からはこの「ことばの始原根拠」は語られ得ない先-言語的次元に留まることになるが[49]、自らの知性的本質の内なる原像へと回帰する人間的魂の根本動性においては思惟を通して存在の現実全体が知性的に透徹される理拠（ratio）なのである。

上述より明らかなように、エックハルトの卓越した像論（Bildlehre）の重層的な奥行きへの突破においてく始原そのものからのことばの出生〉に貫徹される「言語の鏡像的（specularis）——思弁的（spekulativ）性格」の基礎が透察されていると言えるであろう。

第六節「霧の只中の明けの明星のように……」
——エックハルトの言語理解における、〈一性形而上学への精神形而上学の統合〉という事態究明に向けて

これまでの全考察を背景として、ドイツ語説教第九番（Nr. 9）»Quasi stella matutina in medio nebulae ...（霧の只中の明けの明星のように、全盛の〔祭りのときの〕満月のように、輝く太陽のように、この者は神の神殿に於いて輝いた）«を読み直すと、この説教においてエックハルトの言語理解の要諦が凝縮されて呈示されているのを見出すことができる。先ず説教の全脈絡においては、シラ書第五十章六–七a節の引用句からの最後の語「神の神殿（に於いて）」について、「〈神〉とは何か、そして〈神の神殿〉とは何か」という二つの問いを巡るエックハルトの哲学的–神学的に高度の洗練を経た理論的省察の展開が冒頭部からの三分の二を占める。二つの問いについて考察する論述の後で初めて第三の部分として、「霧の只中の明けの明星のように」という句が主題化される。しかしこの句全体は、それが ›quasi（のように）‹ に導かれていることに解釈が集中して定位し[1]、そこから更にそれと並行関係にある「（その日々の）全盛の満月のように」という句が同一の解釈境位において敷衍されて説き及ばれる。そして説教は、›quasi‹ が ›bîwort（副詞／添え言

葉)〉としての文法上の機能を有することの言語理論的反省から、「魂の知性的活動本質」に於ける始原的ことばの生起（＝神の子の誕生）、即ち神に於ける人間の自己認識が成立する（逆に、人間における神の自己認識としても妥当する）「魂と神の本質関係」の開明へと終極する。

この第三の部分、説教の締めくくりの部分は、確かに人間の語り（oratio）を部分的に構成している品詞 quasi の文法的機能の考察をもって始まる。そして結びの祈りにおける〈秘儀講話的性格を示す呼びかけ〉も、その quasi が bîwort としての身分を持つことから[2]、「始原的ことば wort の許にすべての時間を貫いて在る（alle zît bî ... sîn）魂の一なる本質的働き」にわれわれの理解を照明しようとしている[3]。但し、この部分の思考内実を詳細に分析・研究してみると[4]、そこにおいて表明され顕現化する〈(始原における) wort と bîwort の統一〉へとエックハルトの根本的志向が集約化する躍動的構造を読み取ることができる。しかし、それのみではない。更に、エックハルトによって説教として語られる言葉の本質生起（従って、彼の聖書解釈の原理である「信仰内容の思惟における透徹の遂行」）は、bîwort sîn（副詞／添え言葉であること）としての人間的魂の本質関係規定へとその基礎を露開するのである――「……副詞（bîwort）。これは、私が私のすべての説教において意図してきたものである[5]」。以下、先ずはこれら二つの中心ポイントについての註解的論述を提示することにする。

(a)　「霧の只中の明けの明星（morgensterne miten in dem nebel）のように」という聖書的表現の

解釈は、この星が時間的経過の内での位置的相異を有することから二重の名称（∴明けの明星、宵の明星）で呼ばれるにもかかわらず、両方の位置が光の基点である太陽から同一に留まる近さの恒常性に在ることを主眼とする。[6] この（時間における限定・規定性を脱去する）「恒常的な近さ（alwege glîch nâhe der sunnen）[7]」は、「明けの明星のように」の句が〈魂の神への関係〉へと転用されるための生ける中枢（生命線 Lebensnerv）を成している。それと同時に、「（その日々の）全盛の満月のように」という並行する句は、月が大地と太陽の中間位置を運動し、大地から離れて太陽に近づく程に光の力を得て満ちることから、人間の中間的境位の理解を補うものと解釈できる。[8] だがここでも、「月が太陽から直接に光を受け取る、それ程に太陽に近づく」力強い（kreftic）在りかたを示すのは、「魂が地上のもの（＝被造物）を超えて高められる程に、益々力強く在る」ことに対応する。[9] 以上、聖書からの二つの引用句が「……のように（quasi）」に導かれた副詞（bîwort）句であることから、エックハルトの理論的論証は神が語られ得る言葉の特権性を「神的始原に於けることば（wort）とそのことばの許に〔近くに〕副詞（bîwort）として在る統一」として表明する（„daz man bî dem worte sî ein bîwort.“[10]）。従ってこのドイツ語説教第九番（Nr. 9）をも含め、エックハルトのすべての説教の根本志向（意図 intentio）は、自らがそれであるところの〈神の始原的ことばの許で副詞として在る〉言葉の本質生起へと人間的魂を回帰的に再生させる呼びかけに極まるのである――「人間は、……――私の説教全体はそのすべてと共にこのことへと終極するのであるが――明けの明星のようにならなければならない、つまり、常に神と共に居合わせ神の許にあって、同じ近さの内で、すべての地上的ものを超えて高められ、ことば（wort）の許で副詞（bîwort）でなければならない[11]」。

(b) 始原におけることば wort の許へと統合されて在る「副詞 bîwort としての言葉の本質生起」は、この説教の最後の部分で〈一性形而上学[12]へと統一された〉精神形而上学的な省察へ向けても考察されている。テキストの続く部分で「述べられることなく、考えられることなく、決して外へと歩み出ることなく、語る者の内に永遠に留まることば」――このことばの層は、本論稿第二節後半では「内部へと生み出され秘匿されたことば（das inwendig geborene und verborgene Wort）」として主題化の途に就いたのであったが[13]――とは、このことばを唯一語る者である父なる神（＝始原なき始原）の内に受容され内在する「神内のことば（＝始原からの始原）」として出生している[14]。この問題脈絡に準拠して、（一**性の本性的出生に対して**）**副詞 bîwort として人間を通して生起する言葉は**、**「絶えず内へと働きかける**（allez înwert würkende）**」魂の知性的活動本質**（vernünfticheit）**の（自らの根柢を究めるという）力強さ**[15]**によって**、**始原に於ける神的ことば**（wort）**へと究極的に統一化される存立を有する**、という**精神形而上学的省察**が付加されている――「魂の知性的活動本質は絶えず内へと働きかける。或るものはより鋭敏に、より精神的であればある程、それはますます力強く内へ向って働きかける。そして知性的活動本質がより力強く、鋭敏になればなる程、それが認識するところのものはますますその知性的活動本質と統合化され一なるものとなるのである」[16]。魂の基底的な知性本質は、「始原に於けることばと人間を通しての副詞としての言葉の生起の遂行における統一」を働きかける力であると共に、その遂行的統一が営まれる場であることによって、神の合一が成就される非-媒介的な活動態そのものである[17]。同時にこの知性的本質活動態が、〈一性形而上学へと統合されて在る精神形而上学〉として自らの営みを思惟における省察によって透徹するところのものに他ならない。「神と共に一つの働きを遂行する（mit gote würken ein werk）[18]」魂の基底的な知性本質の活生は、他のドイツ語諸説教でも「魂が神の許での一つの働きにおいて一つの存在を成す[19]」〈神の子の誕生〉を巡る[20]エックハルトの思想の独創性として展開される。ドイツ語説教第九番（Nr. 9）を初め、それらの箇所からも、人間を通しての言葉の生起がその許で（bî sîn）副詞として在ることを要請される[21]「働きの統一（Wirkeinheit）」は、ことばの出生がそこに於いてであるところの始原的一性の非差異化性（Ununterschidenheit）をその遂行基盤としていることが帰結する[22]。

以上の理解背景から、エックハルトに特徴的な次の思考内実が十全に問題化される土壌が開かれる――「もしわれわれが神を存在において受け取るならば、われわれは神をその前庭（Vorhof）において受け取っているのである。何故なら存在は、神が住まう神の前庭だからである。けれども一体、神が聖なるものとして輝いている神殿の内のどこに神は居るのであろうか？知性的活動本質（vernünficheit）こそは、神の神殿である。神は、その神殿であるところの知性的活動本質以外の如何なる在り処にもより本来的に住まうことはないのである」[23]〔註釈――存在wesen はこのコンテキストで、被造的存在者からの――時間と場所を構成する――存在の意味規定で活用されている〕。エックハルトのドイツ語説教第九番（Nr. 9）中間部でのこの言明は、「神殿（tempel）」及び「神が住まう（wonen）」という表現をもって、「神がその神性全体と共に在って非存在の内で働く」[24]（上述に開明された）魂の基底的活動本質との統一を述べている。確かにそれに続く論証は、能力論の構図に従って提示されてはいる。魂の内に働く一つの力（kraft）からの思考・認識が被造的存在者における存在を超え出る圏域において活動しており、この知性能力が「神を善性からも〔存在者の〕存在からも脱皮させて赤裸々に受け取る」[25]、と述べられる。然るに認識・思考として働く知性能力自体は、「雫（tröpfelîn）」、「火花（閃光 vünkelîn）」、「枝（zwîc）」等々と比喩的に語られる由来性において成立しているのであれば[26]、神が神性全体と共に住まう〈神殿〉そのものは神的始原との同等性（aequalitas）・共–本質性（con-substantialitas）を成す知性的活動本質（vernünfticheit）なのである[27]。神の神殿の開顕とは従って、魂の基底としての知性活動本質を在り処とする「神的始原の表明（＝発出 processio にして出生 geburt）」、「始原的ことばの本質現成」に他ならない[28]。始原的ことばの本質性起（「神の神殿」の在り処の開け）という神–存在論的（theo-ontologisch）な語りは、「自身を知る神が自ら自身において自ら自身を知る」[29]完全な自己還帰（reditio completa in se ipsum）、自らの内に自らへと遡源する「一性そのものの遂行における統一」を指示している。何らかの限定された存在であること（ens）とその存在者性の欠如

（non ens）の対立及び存在者の相互の区別（distinctio）は、一性そのものの遂行における統一に対する否定的拒絶において成立しているのであれば、この存在論的差異性における二重襞（Zwiefalt）が再び「差異化され得ない非差異性」へと遂行的に取り返される〈在る〉（„ego sum qui sum.“についてのエックハルトの解釈[30]を参照）の根本事態は、一性の遂行的同一性へと統合された精神から育まれ得る形而上学の〈自己〉省察を表明しているのである。

＊

「副詞で在る（bîwort sîn）」という魂――及び、人間を通して生起する言葉――の境位についての言明性格の身分は、単に「文法的隠喩（eine grammatische Metapher）」と考えられてよいのか[31]？――だが当該のドイツ語説教第九番（Nr. 9）において、bîwort は決して「あたかも……のように」を述定する限りでの留保的な役割を有しているのではない。前述したように（一〇六頁、註（14）も参照）、神自身のことば wort に基づく超-述定的な「ことばは神である」という言明の身分（Status）は、すべての説教における「副詞 bîwort である」（人間を通しての）言葉生起の在り方へと反作用してはね返ってくる――「そのように説教にとっては、文法、言語理論と意味理論、否定神学及びことばの神学の間を旋回する関連組織（ein zwischen ... kreisendes Bezugssystem）が生じるのであり、その内部で bîwort はそれらのすべての位置価（身分）とそのレヴェルを受け取るのである[32]」。

この第一論稿での考究課程全体を通して、エックハルトの言語理解を成立せしめる本質的な構成諸要因とそれらを統一化する中核的な洞察が幾分なりとも明るみに出た。マルティン・ハイデガー（一八八九―一九七六）の後期思索における言語への省察諸論考をまとめた『ことばへの途上』（Unterwegs zur Sprache, 1959）には、次の有名な文章が存する――「人間が語るのは、ただ彼がことばに言い応じる際に、である。ことばが語る（Die Sprache spricht ことばがことばする）、のである」[33]。二十世紀以降の言語哲学の趨勢の中で、言語の本質現成を巡るわれわれの哲学的思索は、エックハルトへの回帰的省察をも含め、やっとその途上に就いたばかりと言えるかもしれない。

第二論稿

マイスター・エックハルトの根本テーゼ„Esse est Deus“

——その、聖書的かつ形而上学的基礎の開明へ向けての準備考察

「野の道の周辺に滞留する、自然に発生し成長したあらゆる物の広大さが、世界を恵み授ける。読むことと生きることの古き巨匠、エックハルトが言うように、その世界の言葉の語ろうとして語られなかったものにおいて、神ははじめて神なのである」(„Die Weite aller gewachsenen Dinge, die um den Feldweg verweilen, spendet Welt. Im Ungesprochenen ihrer Sprache ist, wie der alte Lese- und Lebemeister Eckehardt sagt, Gott erst Gott.“: Martin Heidegger, Der Feldweg (1949), in: ders., Aus der Erfahrung des Denkens; ders., Gesamtausgabe 13, S. 89)

或る独自の思想内実の構成体が後世に対する影響作用史(Wirkungsgeschichte)を形成しつつ伝承され、専門的なテキスト批判作業を経た上で、読解のための諸理解地平の複合的統一が既に一定の解釈学的連続体(ein bestimmtes hermeneutisches Kontinuum)を織り成している思想家に関してであっても、その哲学の営為や思想組織の根本洞察ないしは根本テーゼなるものを究明し、今日の概念的思惟による言語化へ十全に翻訳・咀嚼するといった試みは、常にまた冒険性を伴う漸近的な歩みである。ラテン中世の盛期から後期への移行的な境界の時期に出現した卓抜せる個性と言えるホッホハイムのエックハルト（マイスター・エックハルト ca. 1260-1328）の場合でも、研究と思索にとって上記の事情は如実に当てはまると言ってよいだろう。尤も、その真正度が確定している著作の内とりわけラテン語著作群に関しては、エックハルトの思考スタイルに対する通常の理解把捉に真っ向から対立するような、彼の組織的な思惟の展開プランを宿すプログラム綱領が見出せる。更にこのプログラム綱領、即ち『三部作への序文（Prologi in opus tripartitum）』においてエックハルトは、彼の（ドイツ語諸説教および諸論考も含めての）哲学的および聖書神学的全著作解明の鍵となる基盤テーゼ（Basisthese）„Esse est Deus“を定式化し、その論証を提起すると共に、このテーゼ定式によって開示される刷新的な理解地平を示唆している。先ずは、『三部作への全般的序文（Prologus generalis in opus tripartitum）』の中に既にこの第一の根本テーゼを含む断章が存し、三部作の内で後続する二つの部分（: Opus qaestionum; Opus expositionum）が最初の部分（: Opus propositionum）に依存することの範例として、第一の根本命題（propositio）が最初の問題（quaestio）及び最初の註解事項（expositio）へと連関することが示されている。[1] 次にこの基盤テーゼ „Esse est Deus“は、『提題・命題集への序文（Prologus in opus propositionum）』の冒頭部に再び定式化され、それに続く二つの前置き（praenotandae）と四つの注記（notandae）を通して（このテーゼと相関する）存在概念の形而上学的開明が敷衍されている。他に、一三二六年九月二十六日のエックハルトの『弁明書（Processus Coloniensis I）』にも、このテーゼを巡っての言及が見出せる。エックハルトの中心的志向（意図）といったものに則るならば、[2]「聖書を通しての啓示全体は、この鍵となる根本テーゼ „Esse est Deus“ を介してのみ哲学的に解明され、自然理性にとって透徹可能になる」、といった解釈方向への定位も可能となろう。この論稿では、先ず第一節で『三部作への全般的序文』と『提題・命題集への序文』に直接に定位して根本テーゼ „Esse est Deus“ が有する形而上学的基礎を開陳した上で、第二節でエックハルトがその〈聖書の理性的理拠からの哲学的開明〉を収斂せしめる、『出エジプト記』第三章十四節における ‚Ego sum qui sum‘ からの存在理解の彫琢を十分に検討し、最後に第3節にて、前記の（中世スコラの通常の思考法からは）転倒して定式化される上記のテーゼによって開示される意味地平への省察へと進みたい。

第一節 „Esse est Deus"と定式化される根本命題の形而上学的基礎

『三部作への全般的序文（Prologus generalis in opus tripartitum）』後半部の中の一つの断章[3]でエックハルトは、（十三世紀ラテン中世のスコラ学的遺産として、他の多くのキリスト教的思想家とも共通して彼自身の諸テキストにも散見される）„Deus est esse[4]"という言明から逆転して„Esse est Deus"と定式化された根本テーゼを呈示する（LW I S. 156 Z. 15-S. 158 Z. 4）。この部分は、五つの論証によるこのテーゼの註解的意義を有しているものの、テーゼが含蓄する独自の哲学的・神学的内実について直接何も言及されず、省察が加えられることもない。

その第一論証の過程は以下のごとくである――〈存在（Esse）が何らか神と異なった別のものであると仮定するならば、神は存在しないか、或いは神は神ではないことになる。しかしこれら両帰結をそれぞれ主張する立場は、共に不条理に導かれる（: reductio ad absurdum）。何となれば、(1) そのものにとって存在が異他であるもの（aliud）、疎遠（alienum）であり区別されたもの（distinctum）が、如何にして存在し何らかのものであるのか？ (2)〔然るに、存在に対して異他なるものは何も存在しないことが明らかとなっても、更に〕神が存在するとして、神はともかくも他のものによって存在すると仮定することができる、何故ならば存在〈そのもの〉は神とは異他なるもの〈同一でないもの〉であると考えられるからである。つまりここでは、神と存在とは同一であるか、神は他のものから存在を有しているのか、の二者択一が存するかのごとくである。だが、自らにとって他のものから存在を有するならば、〈その他のものは〉もはや神ではなく、前に述べられたように、神に先立つものであり、神にとって原因であることによって、神が存在する〈ということになってしまうであろう〉(5)。この論証は、純粋にスコラ学的遺産に共通的な理解地平内で展開されており、ただ間接的に„Esse est Deus“というテーゼの否定が思考内容における矛盾へと導かれることを示す消極的なものである。

第二の論証は、「すべて存在する（est）ものは、存在（esse）によって存在（esse）から、それが存在する（ist）ことを有している（habet）」という大前提に基づいて、「〔この〕存在は神である」という小前提が成り立つことによって、「すべてのものはその存在を神から有している」というキリスト教信仰内容に一致する真なる言明が確保される、とする(6)。ここでも活用されている存在（esse）概念は、十三世紀の組織的なキリスト教哲学・神学を通しての存在理解の地平へと遡及できるものであり、その存在分与のテーマにおいてトマス・アクィナス等の「存在の分有（participatio）」論とも照合できると言えよう。他方、この論証の媒介項となる「〔すべてのものがそれによってそれを通して存在するところの〕存在は神である」という命題が、もし存在者の存在を神と同一化するものと解釈されてしまうならば、汎神論（Pantheismus）的思想動向を示すものとの誤解も生じ得ようが、エックハルトの存在の思索がそのような通俗化される問題構制と無縁であることは、本論稿を通じても明らかになるであろう。

続く第三論証は更に、第二論証の「存在分与」の形而上学的存在論と創造神学とが符合することに依拠するものであり、存在そのものから（ab ipso esse）存在するものに「存在を無から与える（dare esse ex nihilo）」創造者（Creator）は神以外のものではあり得ないという帰結へ導く。(7)

第四および第五の論証は、„Esse est Deus"のテーゼにおける存在概念に関しても神理解についても、先行論証に加えて何ら新しいアスペクトを呈示しない。第四論証は、第三論証を敷衍して、存在するものの存在所持にとってその存在を原因づける神が存在と異なったものではあり得ないことに論及し、第五論証は再び第一論証へと回帰的に接続して、神内における存在と神の同一性に終極する。

以上五つの論証によっては、存在（esse）から乖離し差異化されるところのものは、神（Deus）という名称をもって意味指示される理解内容が成立する場とはなり得ず、従って「存在と神との同一性」否定の矛盾を除去することによる根本テーゼの擁護がなされるに留まるのは確かである。但し、これらの諸論証を結ぶに当たって、「以上の前もって述べられたことには、『出エジプト記』第三章のかの箇所『私は在りて在る者である』が該当する」と付加的に述べられているのは、注目に値する。われわれは、この聖書箇所との連関を、本論稿の第二節での主題的開陳を通して究明したい。

以上と相反して『提題・命題集への序文（Prologus in opus propositionum）』においては、„Esse est Deus"と定式化される根本命題の内実に関連して、特にその„Esee"についてのエックハルトに特有の形而上学的理解が瞥見される。冒頭部に表記された根本テーゼに続いて、エックハルトはこの序文が前もって導入的に解き明かすところの主題呈示に着手してゆく部分を、次のように述べ始める――「存在は神である。三部作の第一の部分、即ち諸提題・命題集が始められるが、その第一の論考は、存在（esse）について、および存在する〔もの〕（ens）について、ならびに無（nihil）であるところのその反対について、である。従って、この論考およびそれに続くかなり多くの論考において述べられる事柄を明らかにするために、幾つかのことが序言的に前もって注記されねばならない（praenotanda）[8]」。計画された『提題・命題集』の最初の論考は、端的に存在および存在する〔もの〕について、またそれに対立する無に関しての内容であることが明示されている。そして、エックハルトの存在についての理解を探知するために極めて重要な叙述が、続く二つの前備的注記（praenotanda）に見出される。その第一の前備注記は、次のように述べる。

哲学者〔アリストテレス〕が言うに従って、〈白はただ質（qualitas）を表示する〉ように、存在する〔もの〕（ens）はただ存在（esse）を意味表示する。だが他〔の諸名称〕においても同様に、たとえば一（unum）はただ一性（unitas）を表示し、真（verum）は真性（veritas）

を、善は善性を〔……〕、義なるもの（iustum）は義（性 iustitia）を表示する、〔……〕、等々。(9)

ここで注目すべき点は、存在（esse）が一性（unitas）・真性（veritas）・善性（bonitas）・義（性 iustitia）と同一の規定レヴェルに置かれていること、しかもこれら「超越論的諸規定（transcendentia）」および「一般的完全性（perfectiones generales）」の諸概念は存在者を個別的存在様式において諸カテゴリーに従って言明する範疇的規定を超出していること、である。但しその際、存在（esse）は存在者一般の存在者性（entitas）を表示することへと還元されるのかが問い正されて然るべきであろう。続く第二の前備注記では、この疑問点も含めもう一歩エックハルトの存在理解を照明する思考連関が際立たされる。その前半部は次のごとくである――。

存在する〔もの〕（ens）についてとこれそれの存在する〔もの〕（ens）については、相異なったように考えられ判断されねばならない。だが同様に、絶対的にかつ何も付加されることなく単純・端的に存在〔すること〕（esse）とこれこれのものの存在〔すること〕（esse）も相異なったように〔考えられるべきである〕。更に同様に、他〔の諸規定〕に関してさえ、例えば絶対的に善〔であること〕とこれこれの善もしくはこのものの善およびこのものに属する善とは相異なったように〔考えられるべきである〕(10)。

この文節では、エックハルトの思想動向にとって決定的に重要な意義を有する「端的に絶対的な存在（esse absolute et simpliciter）と、相互限定的に区別されるその都度一定の個別的なこれこれのものの存在（esse huius et huius）との根本差異」が明確に表明されている。「端的に絶対的な存在」とは、存在であること以外の如何なる付加規定による限定からも脱去する（nullo addito）存在性格を意味する。だが最も留意しなければならないのは、この根本的差異は全くそのまま「存在する〔もの〕（ens）とこれそれの存在する〔もの〕（ens hoc et hoc）との間の相異」に当てはまり、この相異と平行して考えられているということである。先行する第一の前備的注記と総合して帰結するのは、ens と理解されるところのものについては esse huius et huius が表示されているのではなく、ただ esse absolute et simpliciter nullo addito が意味表示されているのであり、逆に ens hoc et hoc と理解されるところのものに関しては、ただ esse huius et huius が意味表示される、という哲学的主張である[11]。いみじくもエックハルトは、『ケルン弁明書（Processus Coloniensis I）』においてもこの根本主張を繰り返し述べている。

形相的に内属する存在と絶対的な存在とは区別されなければならない[12]。〔……〕存在は神である、と言われる時、このことは真であるが、絶対的な存在についてであって形相的に内属する存在についてではない[13]。

ここからわれわれは、Esse についての言明である基盤命題 „Esse est Deus“ の内実として開示される存在理解が（ens である限りの ens によって意味表示される）端的に絶対的な esse である、という最初の積極的な確定を得ることができる。(14)

だが加えてエックハルトは、続けて次のように考察し、述べている――。

それ故、わたしが或るものが存在する（esse）と言い、あるいは一である、真であるもしくは善であると述語づける時には、そのように述語づけられたものには上記の四つの規定〔即ち、存在、一、真、善の超越論的諸規定〕があたかも第二の付加するもののように（tamquam secundum adiacens, 他の訳し方として「第二の隣接せしめるもののように」）参入する（降下する cadunt）のであるが、それらの規定は名詞的なもの（substantivum）としても形相的に受けとられているのである。しかしそれに対して、わたしが或るものをこのもの、例えば石であり（esse）、そして一なる石、真なる石もしくは善なるこのもの、すなわち石であると言う時には、先の四つの規定は命題・提題（propositio）の〔が有する〕第三の付加するものとして（ut tertium adiacens propositionis）受けとられているのであり、述語づけられたものではなく、コプラ（繋辞）もしくは述語づけられたものに付加するもの（adiacens praedicati）である。(15)

明らかにこのテキスト文脈では、esse が或るもの（aliquid）について語られる際の二つの相異せる機能が問題化されている。文中で後者の用法においては、esse は通常一定の主語と述語を結合するコプラとしての機能であり、それ自体述語なのではなく、主要述語（「石」「このもの」）のコプラ（copula praedicati）として或るものにとって第三の付加するもの（tertium adiacens）である〔或いは、「一なる石」の場合、「一」は主要述語に付加するもの〕。これに対して前者の用法では、esse は他の超越論的諸規定と共にそれ自体で述語であり、この意味で第二の付加するもの（secundum adiacens）と述べられている。この「第二の付加するもの」という表現をもっての esse の用法の開明は、他のテキスト（『出エジプト記註解』や『ヨハネ福音書註解』等）にも見いだされる[16]。ただしその際当該テキストにおいて、「第二の付加するもの」としての用法での esse（及び他の超越論的諸規定）が「形相的には名詞的なものとしても受け取られる」とされるのは、何を意味するのであろうか？　そもそも、このコンテキストで「形相的に（formaliter）」と「名詞的（substantiv）なもの」とはどのように理解されようか？

このコンテキストでの語の用法上の問題点に関して、Karl Albert はエックハルトの『知恵の書註解』の或る一節（「測りがたい栄誉がそのもの〔＝知恵〕の手によって」）を参照するように指示している[17]。ここでの主題をエックハルトは、「測りがたい・数えられない（innumerabilis）」と「栄誉（honestas）」が結び合わされていることへと極限化し、以下のごとく全く形而上学的に解釈している――「数の内に落ち込むものはすべて、このことによって栄誉あるものの理拠・理念（ratio）の外側に落ち込むのであり、その反対に栄誉あるすべてのものは数の理拠の外部に降下し、従って数えられないもの・測りがたいものである」[18]。この註解の主張の論拠として三つが挙げられるのだが、その第一の論拠として、「すべての数は一から、そして善から降下する。一と善は交換されるからである」という哲理が展開される中で「〔……〕一という語は、中性的に名詞的なもの（substantive neutraliter）としても形相的に（formaliter）受け取られる」[19]との言明に突き当たる。すべての数は一からの降下として「多」の次元を成すのであるが、善と交換可能な一とは超越論的規定としての「一（unum）」に他ならず、従ってこのような数えられない・測りがたい（innumerabilis）超越論的諸規定である ens（esse）・unum・verum・bonum は、「中性的に名詞的なもの（substantive neutraliter）としても形相的に（formaliter）受け取られる」と主張されていることになる。存在、一、真、善はそれら自体が単独に述語として機能する絶対的用法（ut secundum adiacens）においては、中性的名詞のごとくに或るもの（aliquid）の付加規定である。ここで Albert は更に、「形相的に（formaliter）受け取られる」とは、十三世紀スコラ学の学問論においてもトマス・アクィナスの諸テキストでも術語（terminus technicus）上の用法であった「形相的対象（対象の形相的理拠 ratio formalis objecti）の意味規定の下においてである、と解明している。[20]形相的対象とは、これそれの存在者及びカテゴリー的規定の下に考察される存在者としての質料的存在者との区別において、或る能力や学問の習性態の成立根拠となる形相的観点を指す。[21]中世スコラ学の伝統に依拠するこの区別に則して以上の考察と解明を通して帰結するのは、（他の超越論的諸規定とともに）存在（esse）は、或るもの（aliquid）が——これそれの存在するもの（ens hoc et hoc）へと主語化される個別的な（＝数えられる）質料的存在者に落ち込むことなく――存在するものとしての存在するもの（ens inquantum ens）として考察される限り、或るものに中性名詞的に機能する主要述語として付加され得る形相的観点である、とエックハルトが述べようとしているということである。そしてここで「存在するものとしての存在するもの（ens inquantum ens）として考察される限り」とは、正に〈形而上学〉としての思惟に固有な体制に他ならないのである。

『提題・命題集への序文（Prologus in opus propositionum）』には、更に続いて四つの注記（notandae）が存するのだが、そこでの考究の主題が ens・unum・verum・bonum の超越論的諸規定に共通する諸兆表の解明に集中しているので、われわれはこの部分については「エックハルトの超越論概念論（Eckharts Transzendentalienlehre）」として稿を改めて論じる必要があろう。但しその第一の注記は、「神のみが固有に存在するもの（ens）、一（unum）、真（verum）にして善（bonum）である」[22]という主要論点についてであり、その解明の最初の着手は「存在する者こそは固有に神の名である」とする聖書箇所へと遡及してなされることが告知されている――「神のみが固有に存在するものであるということは、『出エジプト記』第三章での〈わたしは存在する者である〉及び〈存在するところの者が私を派遣した〉、ならびに『ヨブ記』での〈唯一存在するあなた〉の箇所から明らかである」[23]。このように、神名論の聖書的基礎への接続における思考脈絡が含有する内実を次に検討し、エックハルトの基盤テーゼ„Esse est Deus“への関連を考究することにしたい。

第二節　聖書的啓示の哲学的解明による〝Esse理解の彫琢

存在するもの（ens）――存在（esse）と神の同一化を改めて論及・主張する根拠[24]として、エックハルトは聖書的啓示のことばとキリスト教伝承の権威からの引用を挙示する。「この営為自体が、論証の単に更なる展開に対して、彼のキリスト教的な思惟の境位をどのように特徴づけているのか」といった問いを直接に提起することは控え置くとしても、ここで引証されている聖書箇所（『出エジプト記』第三章十四節、『ヨブ記』第十四章四節）と教会的伝統の権威からのダマスケスの著作からの一文[25]が開示し得る内実こそが問題である。しかもこれらの引用に続いて、エックハルトが（アリストテレスの『自然学』第Ⅰ巻に従って）前ソクラテス期エレアの自然哲学に見出される「一なる存在するもの」だけを措定する存在理解（パルメニデス、メリッソス）も上記の聖書的啓示のことばに一致して〈存在と神の同一化〉を確証するものと位置づけている[26]のは、極めて注目に値する。聖書的啓示及びキリスト教伝承の権威筋によって開き示される内実は、同時に哲学的に解明されるものであることを示唆していると言えよう。

さてここに呈示されたエックハルトの問題脈絡から、「存在と神の同一性」を巡る究明を推進する更なる光明が差し込んでくる。エックハルトは続けて、アヴィセンナが（„Sufficientia"と呼んでいる）その自然学書において「火とか地などこれそれの存在するものの多様」を措定した人々のことを明言しているのに対置して、「神は一なるものである（'deus unus est'）」と告知する聖書箇所（『申命記』第六章四節、『ガラテアの信徒への手紙』第三章二十節）を引証し、その上で「〈存在は神である〉と言われた先置の命題（＝基盤テーゼ）の真理性は明らかである、とする。このことの故に、神について何であり何者であるのかと問う人には、存在であると答えられるのであるとし、先に引用されたように『出エジプト記』では〈わたしは存在する者である〉及び〈存在する者が〉といわれているのである」と『提題・命題集への序文』の第一註記（n.5）を締結している。[27] そして第二の註記では、「神のみが固有に一ないしは一なる者である」ことを聖書的証言に基づいてのみならず、プロクロスと『原因論』に従っても照合一致して証示できると述べられている。[28] 第一の註記から第二の註記へと連繫する思考連関にとって、既に前備注記によって確立された論点、すなわち「（如何なる付加規定からも脱去する）端的に存在するもの（ens simpliciter nullo addito）」と「これそれの存在するもの（ens hoc et hoc）」との根本区別が基底に作動していることは明らかである。但し、ここでエックハルトの論述の進展に特徴的なのは、「端的に存在するもの」は「これそれの存在するもの」への対立においてただそれのみが〈（多の次元から脱去して）一なるもの〉である故に、神のみが固有に本来の意味で存在・存在するものである、という論拠である。この論点の際立ちにおいて、[29] エックハルトに特有なキリスト教的形而上学の思惟構築を通して「神にのみ排他的に存在（esse 及び端的に存在するもの ens simpliciter）が帰属せしめられる」上で一性（unitas）の概念に媒介的な役割と位置が与えられている、と理解する解釈方向は適切であろう[30]。

さて第一の註記の末部で、「神は（固有に、それ自身のみが）存在である」という〈形而上学的に論拠を有する主張命題〉は『出エジプト記』第三章十四節における〈神の名の告知の箇所〉を再度引用して確証されるが、その両契機（：形而上学的論拠と聖書における神の自己啓示）の密接な連繫にとっての統一根拠（源泉）が „Esse est Deus" と定式化される基盤テーゼであることも暗示されている。けれども、このようにエックハルトの根本テーゼが成立する在り処についての先行的な理解投企が可能である土壌に光を当てるために、われわれは今や『出エジプト記』第三章十四節における〈神の名の告知〉についてのエックハルトの解釈をその中心線に即して呈示せねばならない。エックハルトの聖書註解書（『三部作（Opus tripartitum）』全体の諸序文を除いた本体の内、唯一現存する第三の部分に当たる）は、一定の聖書句に極度に集中して理性的な諸理拠（rationes）からの徹底した照明を意図するという基本性格を有するが、『出エジプト記註解』においてもこの特徴は顕著である。問題の第三章十四節も、その ‚Ego sum qui sum' 及び ‚Qui est, misit me' の二つの部分に関してのみ開明的な註解がなされる（――われわれの追究する問題構制にとって最も密接に関連する内容をここでは集約的に叙述することを試みたい――）。

(1)「わたしは存在するところの者で在る」――「わたし（ego）」「存在する（sum）」「……するところの者（qui）」は最も固有に神に適合する、という文法論上の解明から註解は着手される。[31] この内、,sum‘ の用法は verbum substantivum（実体詞、実体的ことば）という術語をもって示唆されているが、[32] エックハルトの表示意図は、,sum‘ が自立的な動詞としてそれ自体において実体的威力を発揮する、ということではあるまいか？[33] この点は、直後の註解が開陳する〈神と唯一同一化される esse〉の機能と内実からして更に明澄となる――「第二に注目すべきは、〈存在する sum〉という語はここでは命題・言明の述語であり、ego sum と言われて ,sum‘ は第二の付加するもの（secundum adiacens）であるからである。このことは度々生じるのであるが、基体（subjectum）におけるかつ基体に関しての純粋な存在と露わな存在を意味表示しており、存在それ自体が基体であり、即ち存在そのものが基体の本質なのであるが、本質と存在が同一であるということはただ神にのみ適合することなのである。それはアヴィセンナが言うように、神の何性（quiditas）はその存在性（「が在る」性 anitas）なのであって、存在（esse）が意味表示するこの唯一の「が在る」性（anitas）以外には如何なる何性も有していないのである」[34]。――すなわち ,sum‘ はここで神の唯一の本質表明として〈実体的に〉機能し、しかもこの自己表明が有する純粋一人称（ego）の基体（subjectum）性格においては[35]〈主語と述語の同一性が本質として成立している〉のである。存在（esse）は――〈如何なる他のものからも分離的に（discretive）に語る〉

第一人称を表示する‚sum'の形式をもって——、神によって神のみに固有にその全く独自の本質内容として表明される。然るにエックハルトにとっては、神のこの自己表明は或る根源的な事態の内容を呈示しているものと把握されているだけではなく、この自己表明の構造においてこそ根源的な事態そのものの構造が自らを露顕せしめるものであることが決定的に重要な点なのである。[36] 即ち、神の唯一の本質表明としての‚sum'は、それ自体〈実体的に〉「すべてのものを自らの力あることばによって担い支えて[37]」おり、これは verbum substantivum としての‚sum'の文法上の機能構造を表明していると共に、〈主語と述語の同一性が本質として成立している〉神の基体性において全現実（omnia）は存在（esse）の概念内実として懐包されているという存在論的構造の開顕を示すのである。[38]

続いて註解は、‚Ego sum qui sum'と‚sum'が反復されることに因んで次のように述べる——「第三に注目すべきは、わたしは存在するところの者で在る（‚sum qui sum'）と二度言われる繰り返しは、神その者からすべての否定的なものを排除するので、肯定の純粋性を示唆しているということである。更に、存在そのものの自ら自身の内への自ら自身の上への或る回帰的な転向、自らが自身に留まることと確固不動であることとを表示する。だが加えて、ある種の沸き立つこと・湧き出で溢れること、もしくは自ら自身を生み出すこと、〔……〕、全く自ら自身によって自ら自身全体を（完全に）透徹しつつ、そして至るところで自ら自身が全く自ら自身全体の上へと転向及び翻転したものとして、光における光であり、また光へと向かう光を意味する[39]」。エックハルトに特徴的な存在理解の豊かな彫琢を示すこの註解箇所からは、以下の中心的思考内容が観取される――「神からすべての否定的なるものが除去されて（excluso omni negativo ab ipso）」とは、神のみに固有な一性（unitas）に対立する否定的なものとしての多性（multitudo ut negativum）が除去されること、即ち「否定の否定（negatio negationis）」としての純粋な肯定への超出を意味する。[40] この「純粋な肯定」は従って、,sum' が反復されることを通して――神に固有かつ唯一的に適合する――存在（esse）という一般術語（terminus generalis）の単に言語論理上の概念的同一性を示唆するのみならず、正に存在それ自身（ipsum esse）の構造上の根本性格に他ならない。本論稿第一節の末部で問題化した『提題・命題集への序文』第二の註記でも、「さらに、一ということばは、否定の否定である。このことは、神であるところの第一にして充溢した存在のみに適合するゆえに、その存在については何も否定され得ない。何故ならば、このような存在はすべての存在を共に前もって有し、含んでいるからである」と述べられている。[41] 存在そのものの構造的な根本性格としての純粋な肯定は、「非-差異化性（Un-unterschiedenheit）」として、否定的なものへの差異化の否定（脱去）であり、存在はこの自己再帰的根本動向において、「端的に存在するものである限りでの存在するもの」にその最内奥からして最極度において直接無媒介に臨んでいる、と理解されるのである。[42]「存在そのものの自ら自身内への自ら自身の上への回帰的な転向（reflexiva conversio）」という表現は、新プラトン主義を源泉とする『諸原因の書（Liber de causis）』をも通じてエックハルトにも親しまれていた ,reditio completa in se ipsum' の理念[43]の展開においてであるが、存在そのものを本質とする「自ら自身に留まることと確固不動」の自足（sufficientia）が同時に「ある種の沸き立つこと・湧き出で溢れること、もしくは自ら自身を生み出すこと」としての豊穣さ（„Primum est dives per se."）であることを開陳する。[44] 存在（Esse）は、その自足的豊穣性が自己再帰的に成り立つ純粋な肯定の在り処においては、自らに異他化する否定的なるものを克服する否定性を通して「全く自ら自身によって自ら自身全体を（完全に）透徹」する自己産出なのである。

(2)「存在するところの者が、わたしを遣わした」——前述された註解内容に加えて、ここで強調される唯一の点は、「神が存在する（‚sum'）」における現在形に与ることにおいてのみ「わたしを遣わした」という事態も生起し得るのであり、〈神のみが存在する〉その存在は「神自らのものであると共にすべてのものの存在である」という理解の確認である。それ故、存在（esse）はそれ自体としてはすべての存在者において同一のものである。[45] エックハルトは、この文脈でクレルヴォーのベルナルドゥスの『省察録（De consideratione）』からも引用して、神のみが存在するその存在においてすべての存在するものも存在すること、従って、神が存在しないならば如何なるものも存在しないことをキリスト教信仰において合致した基本主張としている。[46] 更に他の箇所では、同様にベルナルドゥスの『省察録』を引証して、〈神のみが存在する〉その‚sum'においてすべての諸々の完全性の内容が含有されていることを開明している。[47]

以上、『出エジプト記』三章十四節を焦点とするエックハルトの哲学的聖書註解は、〈主語と述語の同一性を本質として成り立たしめる〉神の純粋一人称的表明（:,Ego sum qui sum'）を唯一の在り処とする存在理解の発酵をこそ本領とするものである。ここに固有な思考連関を伴って顕在化する「存在（Esse）-形而上学」は、かのÉtienne Gilsonが〈出エジプト形而上学（Exodusmetaphysik）〉と名づけて真正なキリスト教哲学の徴表としていながら、(48)エックハルトにはその新プラトン主義の否定神学の系譜からの一性形而上学の思弁の優位ゆえに承認されなかったところのものである。ところが正にエックハルトの思惟の頂点においてこそ、その存在理解の彫琢は〈出エジプト形而上学Exodusmetaphysik〉の再生と不可分に連繋しているのを(49)われわれはここに見出したのである。

第三節　基盤テーゼ „Esse est Deus“への再省察

これまでの考究を通して、エックハルトが彼の組織的な『三部作（Opus tripartitum）』のプログラム綱領を貫流する基盤テーゼとして立てる „Esse est Deus“は、決してスコラ哲学・神学に共通する „Deus est esse“の単に形式的な転倒なのではないことの示唆が充分に得られたと言えよう。われわれはその上で、すべての形而上学的諸命題と聖書的啓示の哲学的註解（開明）の前提として „Esse est Deus“と定式化されるこの基盤テーゼの位置価と哲学的な問題射程がそこから開かれる理解地平について熟考したい。

„Esse est Deus“と表明されるテーゼが „Deus est esse“という言明に対して主要著作全体の構成上の有機的連関において無条件に優位を有するのは、（何らかの〈神〉という観点――それが一定の固定化する表象であれ教義的な硬直化を通してであれ――を要請することなしに）端的に存在（esse）の主題化へ向けてのみ始動する形而上学的思惟の語りと考究が、それにもかかわらず唯一（聖書が啓示する）神への本質連関においてこそ、そしてesseが正にこの神の自己啓示の本質表明として同一化される在り処（=‚Ego sum qui sum‘）においてのみ本来的に可能であり、esse の意味充足にとっての土壌を有する、という根本洞察の表明によってである。即ちこの根本テーゼは、形而上学的思惟がその主題である（存在するものである限りでの全現実を成す）存在（esse）に起源しつつ、存在（esse）の概念を思惟し抜くことは常に共に言明されるところのものへの概念的な外挿化（Extrapolation）へと展開することを示している。„Esse est Deus“と表明されるテーゼにおいては、‚Esse‘を命題の主語にして‚Deus‘が述語に割り当てられている。但し『問題集（Opus quaestionum）』においては、この‚Deus‘という述語は再び第一の問題 quaestio で主語となり（: Utrum deus sit）、『註解集（Opus expositionum）』において上記の根本テーゼとの根本相関を通して哲学的に開明される第一の聖書箇所（: In pricipio creavit deus caelum et terram.）の主語でもある。„Esse est Deus“による存在概念と神概念の関連づけは、「何性（quiditas）」の本質言明のアスペクトが「が在る性（anitas）」についての実在言明と合同するという概念内容を呈示するが、存在についてのこの中心的言明の概念的内実を理解の基盤として、「神は存在するか」という問題と「神は初めに天と地を創造した」という聖書箇所が存在についての根本テーゼの展開として存在論的に透徹され、これをもって真に》神学的な《解釈であり得るのである。

‚Esse‘と‚Deus‘が端的に同一であることが形而上学的思惟そのもの（そして、聖書的啓示のことばの哲学的-形而上学的開明）の前提であるならば、何故に両者はコプラとしての‚est‘による結合を介して〈同一化〉されねばならないのか？　――この基盤テーゼとしての命題主張形式に関わる問いは然るに、次の三つの内部構造の段階をこのテーゼの定式化に読み込むことによって、一

定の光明を見出す。(50)

(1) 主語に立てられる‚Esse'はギリシャ哲学における形而上学の思惟を由来とする主題であるのに対し、述語に位置する‚Deus'はヘブライ的-キリスト教的伝承に由来する内実においてであり、全く相異なる伝統を背景としている。

(2) そして、上記のように全く相異なった由来からの内実を有する両概念が、コプラとしての‚est'による結合を通して、一定の関係規定にもたらされる。

(3) ‚Esse'は、それ自体実体的に（: ut verbum substantivum）機能する内実としてその本来の在り処である‚Deus'の意味内容として理解されない限り、Esseの本来の意味内実を喪失し、（即ち、Deusから切り離されてDeusから外化されたものとして）「無（nihil）」に落ち込むことになる。この基盤テーゼにおけるコプラとしての‚est'は、‚Esse'の地平より歩み出て（ヘブライ的-キリスト教的伝承がその内実を指し示す）‚Deus'の固有の次元へと入り来たり、再び‚Esse'の本来の意味内実の開示へ帰り来る、その根本生起の通路となる蝶番として作動する。

„Esse est Deus"と表明される基盤テーゼによって、存在（Esse）の概念的内実は、端的に神の座である「超越」――多性と区別への差異化としての否定態（negativum）を否定的に脱去する「純粋な肯定」の非-差異化性――を在り処とすることが確定される。その概念的内実は、超越である存在＝神にのみ固有な超越論概念（transcendentia）の組織的連関へと展開され得る。但し、「本来の意味で存在はただ神のみである」とする概念内実の超越的極性（Monopol）は、偶有的で差異化された世界現象とは架橋され得ない隔離性を告知する。正にこの徹底した超越理解を背景としてのみ、„Esse est Deus“という定式化は、一貫して„Deus est esse“という言明の転倒としても通用するのである。ここに、存在（者）神論（Ontotheologia）の伝統的な問題構制が形而上学の本質体制と同一視されてしまうことに対して、エックハルトにおいては神‐存在論（theo-ontologisch）な視点が形而上学の思惟の前提地盤と全射程幅とを形成するのである。

第三論稿

普遍的神性の問題を巡っての、マイスター・エックハルトにおける宗教哲学的問題脈絡への諸断章

第一節　エックハルトに独創的な神-学的「平和理解」の宗教哲学的意義

そのドイツ語説教第七番（Nr. 7）›Populi eius qui in te est, misereberis（Os. 14, 4）‹〔あなたのうちにいるかの人々を憐れんで下さい（ホセア書第十四章四節）〕において、ドイツ神秘思想開闢の定礎でありその生命線にとっての久遠の泉であるマイスター・エックハルトは、平和（pax; vride）理解を糸口とする霊的かつ（真正な意味での）思弁的躍動を極めて特徴的に語り出している。その一節では、次のように説かれている。

> 平和から平和へ行くことができれば、良いことであるし、賞賛に値する。けれども、不完全である。人は平和のうちへと走り入らねばならないのであって、平和のうちに始めてはならない。神が述べようとしておられるのは、人は平和のうちに移し入れられ、平和のうちに押し込められ、平和のうちに終わるべきだということである。われわれの主は、「わたしのうちにのみあなたがたは平和を有するであろう」（ヨハネ第十六章三十三節）と語られた。神のうちへと遙か広大に入れば入るほど、平和のうちに遙かに進みゆくのである。ある人の何

かが神のうちにあるならば、その何かは平和を有している。これに反して、何かが神の外にあるならば、そのものは平和を有していない。聖ヨハネは、「神から生まれたすべてのものは、世に打ち勝つ」（ヨハネの第一の手紙第五章四節）と語る。神から生まれたものは、平和を求め、平和のうちへと走り入る。従って聖ヨハネは、「平和のうちに走り込みなさい（Vade in pace!）」と言うのである。走ることのうちに、絶えず走り続けることのうちに、しかも平和のうちへと走り入る人間は、天的な人間である。天は絶えず廻り続けており、走ることのうちに平和を求めている（DW I S. 117 Z. 7-S. 118, Z. 9）。

先ず第一義的に「平和のうちへと走り入る」ことが、無制約かつ無条件に勧告される。何となれば、唯一真なる完全な平和は、神のみに他ならないのであるから（「わたしのうちにのみあなたがたは平和を有するであろう」）。神のうちにあるほど、正にそれだけ平和のうちにある。これに反して神から少しでも外に逸れるならば、それに応じて平和から遠のく[1]。「平和から平和へ行く」とは、その生を方向付けつつ獲得されようとする一定の（たとえ神的と考えられる内容でも）平和状態を目的因とする精神態度であり、このような態度の人は、平和への自らの志向的な努力の運動という内的原理を自ら自身の内に有してしまっている。然るに、既にそれ自らで働かしめられている限りでの〈魂の平和〉といったものを自力的な起動点としているので、神自身である他ない平和そのものに至らないのである。真の平和は、人間論的にも心理学的にも基礎を見出せるような自然的基盤から生成するのではなく、それ自体決して実体化され得ない唯一の生ける動性である〈神〉へと結合・統一される事態の内にその開始と始原を有している。(2)

エックハルトの平和理解の表明は、初期の『教導講話（Die rede der underscheidunge）』以来、彼の神理解との緊密な相関性においての明確な中心線を描き出している（「何かが神の内にあるならば、そのものは平和を有している」(3)）。その際この思考内実の基礎づけは、多様性への分散は平和の根底そのものである神を隠蔽するという洞察に依っている。平和が生み開かれる唯一の動的遂行態である神は、ただ「一なるもの」において在り、唯一の在り処としての「一」の内に味わわれ得る。(4)「一」への集中が平和への集中と相関する。「一」からの離反は、平和からの転向に他ならない。(5)このような言明には、正にエックハルトに特徴的な新プラトン主義的な一性形而上学の深化からのキリスト教的神理解透徹の脈動が見出せるのであるが、(6)ドイツ語説教第六十番（Nr. 60）›In omnibus requiem quaesivi（Eccli. 24, 11）‹では、すべて差異化する被造的もしくは神内の運動さえもあらゆる精神的希求及び自然的欲求と共にその内に終極する統一点として〈神そのものの本性である安らぎ ruowe; Ruhe〉が語り出される。この比較的短い説教の中で思想要因として際立ってくるのは、「純粋かつ固有に神的な働きとしての〈安らぎ〉における、魂と神との合一」についてのエックハルトの厳密な思索であろう。以下の引用テキストの解釈から開陳してゆく。

魂の内に入って来るすべてのものは、尺度（Mâze）をもって懐胎され把握されるので、

神は魂の内で神的な働き（業 werk）を営むことができない。尺度とは、何かを自らの内へと含めたり自らの外へ排除したりするものである。だが神の働きは、このようなものではない。〔……〕それゆえダヴィドは、「神はケルビムの上に座す」（詩編七九・二）と語る。ケルビムは知恵を意味し、それは神を魂の内へ運び魂を神へと導く認識である。けれどもこの認識は、神の内へ魂を運ぶことはできない。従って神はその神的な働きを認識の内で為すことはできない、と言うのも認識は、魂において尺度をもって懐胎され把握されるからである。神は自らの働きを神として神的に行う。その時、最高の力――それは愛（minne）であるが――が立ち現れ、神の内へと突入し、認識とすべての諸力を伴って魂を神の内へと導き入れ、魂を神と合一せしめる。（DW III S. 21 Z. 22-S. 22 Z. 7）

このコンテキストでは先ず、人間に可能な知恵としての認識は魂を神へと近づける手引きをするが、このように規定化する認識に媒介された限りでの魂の受容能力は限定された様式（＝尺度賦与的）であり、限定なき神の働きに一致することはできないことが述べられる。その上で、規定的尺度から解き放たれた愛（minne）こそは「神自身の働きが神的な遂行様式において魂を神と合一させる」必然的かつ十全な担い手であることが強調される。但し、〈規定的尺度から解き放たれた〉とは精神的覚醒から後退して単なる情動（πάθος）へと陥ってしまう態勢を意味せず、その「最高の力」の出現は「認識とすべての諸力を伴って」魂を神に合一せしめる紐帯であることが銘記されねばならない。更に、人間の魂をして「神自らの働き」における一性（unitas）の座に安らぐよう高揚せしめる最高の推進力である「愛」は、神的由来からの生ける動性に他ならないことが解き明かされる。

そしてそこにおいて神は、魂の力のより上方で働くのであり、魂の内にではなく神の内にいるものとして神的に働くのである。そこで魂は神の内へと浸され、神的本性において洗礼され、その中で神的生命を受容し神的秩序を受け取るので、神に従って秩序づけられる（DW III S. 22 Z. 7-S. 24 Z. 1）。

「神の本性において洗礼される（getoufet in götlîcher natûre）」という表現は、この説教でもう一度繰り返されるが（„ertoufet in götlîcher natûre“: ebd., S. 25 Z. 4）、魂の存立自体のラディカルな変容、その非連続的な転換点を告知する。物質的素材に魂が注ぎ込まれると、「最初にもっていた形や色は失われて、〔……〕魂から別な形とその生に相応しい色を受け取る」（ebd., S. 24 Z. 3-S. 25 Z. 2）のと同様に、この転換点を経た魂は神‐同形性（Gleichförmigkeit）へと遂行的に統一される。神自身の同等さ（glîchnisse）への突破（Durchbrechen）が果たされた魂、本テキストでは「真に霊的な人」は、「真正な平和に高められ、神的な働きにおいて不動」（ebd., S. 26 Z. 5-6）であることが必当然的な情態性（dispositio）と成るのである(7)。

さてもう一度冒頭のドイツ語説教第七番（Nr. 7）のテキストに戻って、平和を焦点とするエックハルトの思想内容から——上述で明るみ化した限りで——どのように〈宗教哲学的〉な思索境涯が開かれてくるのかを問題化したい。先の（本節の冒頭部での）引用テキストの末尾が語るのは、絶えず廻り続ける天の走行のうちに平和が現成しているように、天的な人間、つまりあらゆる被造性と像化の傾向から脱自して生ける神からの絶えざる誕生へと再活生してゆく人は、天の次元における平和の恒常的な走行に参与している、という事態である。但し再び誤って理解されてはならない！——人間たちのうちで現成し成就する平和は、決して受動的で非活動的な無為を生むのではなく、むしろそれ自体絶えず刷新的に生起する（内的生命の）躍動なのである。それ故に、「平和のうちに走り込みなさい（Vade in pace!）」と勧告される。従って、「走り込む」という脱我的‐離脱的超越を通してわれわれ自身の精神的内奥に開かれる天的平和は神自身の座である〈絶えざる無窮の動性〉に他ならない、と敷衍して解釈できる。[8] 神自身の〈永遠の今〉の開示と共に普遍的に生起する〈無窮の動性〉こそは、『教導講話』以来エックハルトがわれわれの究極的故郷として理解する「天の国・神の国」でもあるのである。[9] このようにエックハルトにおける宗教性の活路は、脱自的な〈無窮の動性〉において「一（にある神）」へと焦点化する生に開かれる普遍的神性の境域（場所）を在り処とするのである。

第二節『神の慰めの書』に含蓄された宗教哲学的境位の究明に向けて

われわれは、エックハルトがその後期の代表的著作『神の慰めの書（Liber benedictus; Das Buch der göttlichen Tröstung）』〔一三〇八年から一三一三／四年の間に成立〕の中で真の慰めの在り処を上述の純粋に神–学的な平和理解との並行性において説き明かしていることに注目したい。極めて思索的な内容に富むこの論稿の基調を成す考えは、あらゆる被造物の自ら自身の執着・像から脱却し（entbilden）、ただ生ける神のみが自らの在り処である父となるように自分自身の像を超えて超–像化される（überbildet werden）絶えざる誕生においてのみ（DW V S. 11 Z. 12-13; S. 473 Z. 1-2）すべての苦悩・悲しみ・災難から解き放たれる真の慰めに開かれる、というものである。テキスト第二部の或る一節は次のように語る。

それゆえ、あなたが神のうちに完全な喜びと慰めを見つけて持ちたいのなら、あらゆる被造物、被造物による一切の慰めから免れるように留意しなさい。なぜなら、確かに、被造物があなたを慰め、慰めることができる限り、あなたは決して真の慰めを見出すことはないからである。だが、神以外の如何なるものもあなたを慰めることができないとき、本当に神はあなたを慰める。と同時に、あなたは神とともに神の内において歓喜である一切のものにより慰められる。もし神以外のものがあなたを慰めるならば、こちらでもあちらでも〔慰めは〕得られない。けれども、被造物のもとであなたが慰めを求めないで被造物を嫌うならば、こちらでもあちらでも慰めを見つけよう（DW V S. 29 Z. 14-S. 30 Z. 4; S. 481 Z. 7-13）。

エックハルトが繰り返し強調する提要は、人間は本来「何らかの差異の予感や影を許容する一切のものから解放されて、全ての多様性と差異から自由（ledig）である一にのみ自らを委ねる」（ebd., S. 486）ことにおいて至福に開かれており、この離脱（abegescheidenheit = Abgeschiedenheit）動性を通して広大で充溢そのものである神の生ける働きそれ自体の慰めに与かる存在である、という宗教的真理である（「心の貧しい人たちは幸いである」マタイ第五章三節[10]）。何故なら、（被造性に本質的に纏わり憑く）差異性と多様性が——それが単に未だ様々な観念であろうとも——本源的に全く付加され得ない純粋な「一」である神性は、「わたしたちと共に苦しみの内にあり、わたしたちと一緒に苦しむ」（ebd., S. 492）神の愛と意志の不可分離性が遂行される真の慰めの場所であるからである。「影（schaten）」と表現されるのは、被造性への傾斜が「一」である神性の充溢を消失してゆくからである（「無の影を宿す」: In Ioh n. 20; LW III S. 17 Z. 11）。純粋な「一」である神性の境域（Element）を人間の精神的生が離脱の高揚において自らの在り処とし得るという主張は、「一」である神性の同等性（glîcheit=Gleichheit）が人間の精神的魂の内部から開示される場所の存することを意味する。「神的本性における同等性」は、一であり二であることによって、一から一における「必然的に本性に適った激しく燃える愛（nôt natiurlîche, willichîche, hitzige minne）を生む」（DW V S. 30 Z. 17-18; S. 481 Z. 26-27）。この「一から生まれた同等性」こそは、「魂を隠れた合一における一である神の内へと導く」（DW V S. 31 Z. 6; S. 481 Z. 33）ところのものであり、『神の慰めの書』を通しても賛美されている。そしてエックハルトの真正な作とされる幾つものドイツ語説教が、〈同等性〉の（＝による）ドクソロジー〔（Doxology）栄光唱〕を含んでいる（ドイツ語説教第十二番（Nr. 12）、第十九番（Nr. 19）、第二十二番（Nr. 22）、第三十一番（Nr. 31）、第五十一番（Nr. 51）、第六十番（Nr. 60）：「神的な安らぎの神的同等性を神の内に求め、見つけられるように」第六十九番（Nr. 69）cf. 第六番（Nr. 6）、第十一番（Nr. 11）、第四十四番（Nr. 44）、など）。また、『ヨハネ福音書講解』でも〈始原における言葉〉〈子（または、独り子として生まれた unigenitus）〉の哲学的解明は、「一性から発出する同等性」という概念が活用されている（In Ioh n. 5〔LW III S. 7 Z. 4〕; n. 556-562〔LW III S. 485 Z. 11-S. 490 Z. 6〕）のである。然るに他方、統一的主題を有する後期エックハルトの円熟せる論稿『神の慰めの書』の続く箇所では、その「同等性と愛の熱」が単に〈似る（glîch）〉ということからの如何なる高位の同等性にも満足できず、その（同等性という）自体性に定位しアクセントを置くことには一瞬も留まれずに脱自的であり、自己‐燃焼し尽くしてゆくものであるという逆説が、次のような表現で述べられるのである。

　自然の隠れた力は、同等性が自分のうちに差異分裂を持つ限り、密かに同等性を憎み、同等性のうちに一を求める――その一は、自然が同等性のうちで、同等性そのもののためにのみ愛するものだが――〔……〕。このような理由から、同等性において、魂は同等性を憎んでいて、同等性を魂自身において、魂そのもののために愛しているのではなく、同等性のうちに隠れている一のために、魂は同等性を愛するのである。この一とは、「天上と地上にあり、あらゆるものの」、如何なる初めもない初めである、真の父である、と言ったのである〔エペソ書第三章一五節、第四章六節参照〕（DW V S. 34 Z. 5-7, 11-14;【S. 482 Z. 30-32, S. 483 Z 3-6】）。

同等性がその即自的な自体性においては差異化（或いは、多様化・部分化）の傾きを対自的に含む限り、「同等性そのものもまた神から遠くにあり、神には異質のものである」（DW V S. 41 Z. 7; S. 486 Z. 22-23）。それ故、「……同等性は一ではない。もしわたしが一であるならば、わたしは似ているのではないであろう。〔……〕永遠においては一性だけが存し、同等性はない」（ドイツ語説教第十三番（Nr. 13）: DW I S. 216 Z. 5-7;【S. 481 Z. 23-25】）とも極言される。同等性に立脚する限りでの〈似ることとからの等しさ（glîch）〉と自立的な単一性（einicheit）における純粋な〈一〉との隔絶は、エックハルトの中心思想を形成する核となった思考要因（特に、〈突破〉という霊的躍動の無窮性、〈離脱〉の深層次元、そして初期思想からの〈放下・放念 gelâzenheit〉の包括的射程）を刷新的かつ統一的に今日のわたしたちの思惟の内に消化し直す上で、決定的に重要な事態であると言える。[11] 更にそこには、エックハルトにおいて〈否定（negatio）〉の理解がどのように固有な思想鉱脈を形づくる動性となって貫徹され得ているのかという問題も、不可分離的に共属してくる。[12] 但しここでは、こういった展開の諸相を厳密に彫琢してゆく叙述をほどこす余地はなく、われわれが究明すべき点を以下に一歩掘り下げておくに留める。

「一から生まれた同等性」という表現とその問題脈絡が主導的なコンテキストにおいては、「一」に在る神との無媒介な直接性のうちに「花開き（愛が）燃え立つ」この同等性のみが魂をその無窮の動性において高揚せしめ、神との合一へと邁進せしめてゆく（それは即ち、上記の引用が述べる「**天と地における、あらゆるものの父である**」始原への還帰動性と全く重合する）担い手であり、その霊的躍動が活生する唯一の在り処であることが強調される。一性から発出した〈純粋無垢なる〉同等性は、一性の外へ出ることなく（＝一性のうちに留まり）、一性は同等性のうちに留まっており、「同等性は一性のうちにのみ安らう」（In Ioh n. 557; 558）。また、始原自体の直接的自己産出である同等性を媒介としてのみ、すべての不等性（差異化、区別、多様化）への降下も可能になる、との考究がなされる。従って、「すべての不等性のうちには同等性は潜勢力によって留まっている」（In Ioh n. 557）。このように、一性からのその〈絶えざる〉自己–発出において成り立つ同等性という理解圏域は、〈新プラトン主義的思考脈絡に媒介されつつ、ユダヤ–キリスト教的な聖書信仰に動機づけられた）**神‐学的に思考連関にもたらされた同等性の規定**〉を形づくっていると言えよう。今日の研究ではエックハルトの真作に帰せられ得る論述『離脱について（Von abegescheidenheit）』においても、「神と人間との同等性は恩恵によって生じるのでなければならない」と明言される（DW V S. 413 Z. 1-2【S. 542 Z. 7】）。

これに対して、同等性がその〈対自化における差異・分裂〉の基点となることからの脱去が自覚化の主題となる文脈では、「一」なる淵源への無窮の動性の貫徹のみが唯一の真景となる。この事態は『神の慰めの書』では、「……というのも〈父〉は誕生を意味し、同等性ではない、〈父〉は一を意味し、一においては同等性は沈黙し、〔本質〕存在（wesene）を欲求するすべてのものは静まるからである」（DW V S. 35 Z. 5-7【S. 483 Z. 17-19】）と表現されるが、魂に開設された至高の情態性としての〈神との合一〉という自己性自体の突破（Durchbrechen）がその実相となっている（ここで、ドイツ語説教第五十二番（Nr. 52）を特に参照）。同等性を巡っての（前記のコンテキストと逆対応的に相即する）この後者の思惟脈絡こそ、〈**エックハルトの下に独創的に開顕する宗教哲学的境位**〉と呼ぶことができよう。アンリ（Michel Henry 1922-2007）も〈絶対的生の内在的な単一・一体性（einicheit）〉へと存在論的実在性の還元を見出すように[13]、エックハルトの宗教哲学的遡源の〈突破〉は〈同等性の合一における〈神〉とその相対項としての〈人間の自我性〉双方の還滅（ent-werden）〉を成就する。ここに、魂にとっても〈神〉にとっても一体的に根柢（Grund）であるところの無形無相なる普遍的神性、エックハルトが「神性の最内奥の根柢とその荒野〔einœde 砂漠〕」（Von dem edlen Menschen, DW V S. 119 Z. 3-4【S. 504 Z. 27】）とも呼ぶ宗教性の深源が開けていることになる。

付記　エックハルトの宗教哲学的境位からの《結びと開き》

《ドイツ神秘思想からの宗教哲学》と銘打つ場合、その〈宗教哲学〉は――上述の考究から基礎となる土壌が照射されてきた限りでは――、キリスト教信仰に刻印を受けたエックハルトの霊的躍動に根差す自由闊達な精神境涯から開闢した、だが同時に一定の歴史的伝統や信条による形体化に無条件に先立って凡そ人間存在に宗教性といったものが湧き出でる普遍的始原-淵源へと思索を貫徹せしめる動態として理解されねばならない。他方この〈宗教哲学〉は、人類の精神史と思惟の歴史において生育し、地下鉱脈のごとく一つの発展路線（Entwicklungslinie）を織りなすことが含意されている。われわれは、一八〇四年以降の後期フィヒテ（Johann Gottlieb Fichte, 1762-1814）の知識学（Wissenschaftslehre）の境位に、エックハルトの下で開顕した宗教哲学的境地と本質的に共鳴し合う一つの徹底した堅固な里程を見出すことができよう。一八〇四年の『知識学第二回講義』においては、知識学が遂行される〈立ち位置〉とは絶対者（A）の原活動性（Urtätigkeit）そのものへの没入でもその現出（Erscheinung）-像（Bild）としての「意識の事実」（事実知）からの再構成的営為（＝絶対者の活動性の事後からの構築）の立場なのでもなく、正に両者の働きが同時に生起する「生き生きとした有機的統一点」であることが明瞭に語り出されてゆく（SW X, IV. Vortrag S. 116-120）[14]。この有機的統一は、絶えざる否定を介した両項の統一として、相互依帰の構造を持つ。知識学とは知が「神的生命（＝唯一の実在性 Realität としての絶対存在の活動性）の図式」であることの可視化の論理であるならば、神的活動性を命とする知の概念性はその絶対者の可視化において自己定立的であると共に自己滅却的（sich vernichtend）[15]なのである。更に一八一二年の『知識学』では、絶対者の根源現象（原像 Urbild）の像性（Bildlichkeit）-概念性（Begrifflichkeit）、つまり〈自己自身に向いつつある〉自己現象する「存在の原理」が知識学の取り扱う知の領域とされるが、この〈現（＝絶対者の直接的「現」、即ち絶対的存在の原活動性に即しての直接的現出）-像化する（＝概念定立と概念否定の知-意識構造の過程へと自己化する）生そのものとしての知識学の境位は、エックハルトの〈同等性の思索〉から開かれる宗教哲学的境地と通底するものがある。この連関性を厳密に主題化することも、今後の課題であると言えよう。

第三節 〈無〉理解の透徹へ向けての思索的《試み》
――マイスター・エックハルトにおける〈無を巡る問題脈絡〉と西田幾多郎の下での〈無の思索〉の交差に向けて、及び付論としてのハイデガーにおける〈存在論的思惟と無〉

哲学的思惟の歴史を通じて生成した〈無の理解〉を改めて診断してみるために、〈無〉が問われ考究される問題構制の諸次元とその固有な問題脈絡（コンテキスト）を開明してゆくことに着手したい。エックハルトと西田というそれぞれに固有な思考鉱脈に光を当てることを試みて、〈無の問題脈絡〉と〈無の思索〉を剔出し、この真に根元的なテーマに接近してゆく通路が開かれるために寄与できればと願う次第である。

一　西洋の哲学思想史とキリスト教的精神史の伝統を背景としつつも極めて独創的な思考連関を創出したドイツ神秘思想の定礎にして主峰であるマイスター・エックハルト（ca. 1260-1328）に固有な〈神-存在論的（theo-ontologisch）〉な視座へと収斂してゆく「無の問題脈絡」を、三層からなる位相において捉え返す。

一・一〈一切の世界内部的存在者は、それがそのもの自体としてのみ考察されるならば、純粋な無である〉——この主張内容を明示的に含有するエックハルトのテキストは、かなりの広範囲に亘って見いだされ[1]、エックハルトの許での独創的な形而上学的存在論の展開とユダヤ・キリスト教的な創造の教説の刷新的解釈という射程を開くものである。後者のパースペクティヴ（＝創造論の再解釈）だけを単独化して見るならば、「すべての被造的なるものは、それ自身からは無である」という言明内容は、被造的なるものはそれ自身から存在するものではなく、被造性とは自らにとって他なるものから存在を賦与されていることの意味指標の追認に終始するようにも受け取れる。「存在（すること esse）への関連において、被造物には〈存在を受容すること〉が相応し[2]く、神のように〈存在を与えること〉は帰属しない[3]」という公理化された言明も存する。但し被造物の自体的な無性を根拠づける上で、エックハルトがその存在者的無性の虚無的根源への遡源を示唆していることは注目に値する。[4]この虚無的根源は、「何ものも受け取ることなく（＝無を受け取るのみであり）、基体（subiectum）であることも境界・終極（terminus）であることも、どのような行為の目的であることもできない[5]」。そこで被造的宇宙（universum＝世界内部的に存在するものの総体）の存立は、その虚無的根源に由来するのみで神に対峙する限りでは純粋な無に他ならず、神の活動性の内へと創造によって包摂されているが故の存在性を有するという規定を受けているのである。従って、被造性における世界内部的存在者の中立的な存在論的規定を〈端的なる無（das Nichts schlechthin; nihil simpliciter）〉へと概念的に固定化してしまうことは決してできない。[6] エックハルトは、存在者の総体（universum）を「神と無の間の言わば中間（quasi medium inter deum et nihil）」と規定する。[7] この規定からエックハルトの形而上学的存在論独自の問題構制が開陳されると言える。但しその際、あたかも存在者の総体を（存在としての）神と無とに更に対峙する第三の項のごとく表象するならば、全くの誤謬解釈に陥ってしまう。世界内部的存在者の全体は、神と無が触れ合う点であり、この宇宙的総体がその統一性において神の活動性の内に見出されるならば「存在する（seiend）」現実性として現れるが、逆に神から分離・独立的に（統一性を喪失した）即自性へと特化して捉えてしまう態度に対しては、「純粋な無（ein lûter niht）」として透明化する事態が真実相なのである。ただここで「純粋な」とは、存在（esse）の生ける動脈を曇らせる仮象性の除去が逆説的に指示される積極性を表明している。[8] それ自体からでは無である他なき被造的存在者は、「その内に自らの存在性を受け取る神の光によって覆われ照らされるならば、〔全く無に曝されたままでなく〕何らかのもので在り」[9]、その存在性は全面的に神の現臨（gegenwerticheit）に依拠する限りでの存立なのである。[10] すべての存在者は、その存在性全体を神からのみ、しかも如何なる媒介のプロセスもなく直接に得ているのであるが[11]、逆面では存在者の即自性に照準化された精神的境域と共に存在者の現実全体が無性へと暴露され、この無性の無が被造的存在様式そのものを脱却する否定動性（＝negatio negationis）への貫通を空け拓くことにおいて、存在者の真の存在の場でもある神へと指示を送り返すことになる。

一・一一〈存在論的否定態としての被造性における無の理解〉――〈時間（tempus）・分割（divisio）・区別（distinctio）・固有なもの（proprium）・これ或いはあれ（hoc et illud）・連続的な量（quantitas continua）・〔位階に即してか分量に即してかの〕より多く或いはより少なく（magis aut etiam maius et minus）〉、すべてこのような諸規定は、エックハルトの思惟の準拠枠の下では、一性（unitas）における存在論的充実（plenitudo）を喪失する否定態を意味する（cf. In Ioh n. 206: LW III S. 174 Z. 7-10.）。如何なる差異化も成り立たない、それ自らの遂行における〈端的なる一 unum simpliciter〉こそが神に固有な在り処ならば、この存在論的一性の絶えざる同一化遂行と対立・離反する多性の現出傾向は存在論的充溢の欠如化としての否定（negatio）を意味する。[12] すべての被造的存在者から成る宇宙全体（totum universum）の存立は、それ自身において否定的な拒絶を担うことによるのである。[13] 従って、「無の影を宿す」という事態（In Ioh n. 20; cf. ドイツ語説教第七十一番（Nr. 71）: DW III S. 219 Z. 10-S. 220 Z.1）が被造的存在性の自体的な本質特徴なのであるから、世界内部性の原理化（＝我有化 eigenschaft）において現成する「無」は、存在からの分離（divisum ab esse）へと空虚化する被造性に帰属する固陋な否定相なのである。このような〈無化〉の作用が、主語的に「これ／あれ」として時間・分割・区分・連続的量・固有性によって限定された限りで見出される存在者の本質動向なのであれば、神は（そういった本質動向に規定された）存在者の内には如何なる在り処も持ち得ないこととなるのである。[14]

一・二〈知性認識活動は、非存在者的に無制約な開示態において無である知性の自己営為である〉——知性がその本性において何らかの存在（aliquod esse）の下に内属しているのならば、知性認識の遂行があらゆる事象へと開かれる無限定性はその基点からして原則的に不可能である（Quaestiones Parisienses 1, n. 7: LW V S. 44 Z. 6; Ibid. 2, n. 2: LW V S. 50 Z. 4-6）。アリストテレスのDe anima のΓ巻（429a 24）に遡る「知性の無限定な開示性」——尤もその箇所での「非混合（immixtus）」という規定は、更に「如何なるものとも何も共有しない」と敷衍され（Quaestiones Parisienses 2, n. 2: LW V S. 50 Z. 2）、またこの「無限定な開き」は単に感覚的な表象（imaginalia）のみならず知性自身が産出・形成したものも自らの営みと共に超越する動性として解釈されるのであるが（Sermo X X IV 2 n. 247: LW IV S. 226 Z. 1-5）——を正統に踏まえた上での〈知性の自己遂行に絶えず現勢的な無〉とは、エックハルトによって〈知性の非被造性（increabilitas intellectus）〉の主張へと展開される（Sermo XXIX n. 301: LW IV S. 268 Z. 9）。但し、如何なる被造的存在者もその存在性の全体において知性活動であることはできず（ebd., LW IV S. 267 Z. 9f.）、存在の全面においてはただ神のみが端的に知性活動それ自体である（In Gen n. 168: LW I S. 314 Z. 4f.）。この主張は然るに翻って、知性活動がその純粋性において営まれる在り処においては神的形相性（deiformitas; deiformatio）が成立するという事態が帰結される（Quaestiones Parisienses 3, n. 9 : LW V S. 60 Z. 8f.; cf. ドイツ語説教第九番（Nr. 9）DW I S. 150 Z. 3f.）。

一・二 〈**人間的知性認識活動は、何らかの存在**（aliquod esse）**との絶えざる関連の内に営まれるという限定において、神と無との中間帯**（medium inter deum et nihil）**を成す**〉――存在論的に特有な身分としての人間は、知性認識活動への刻印を受けたものとして、潜在的に神を知る本質存在者である。[15] 人間の知性認識活動が〈（エックハルトの思想における主導語の一つである）魂の根柢における神の子の誕生〉による覚醒を通しての「神の知性認識活動との同等性」に資格づけられるならば、その知性活動は純然たる神認識であり、すべての被造的存在者の存在性を神の存在において見出す（ドイツ語論稿 Von dem Edlen Menschen, DW V S. 116 Z. 9 f.）。他方反対に、人間の知性活動が被造的存在者に固くしがみついている限り、存在論的に見るならば無へと陥っているのである。この両極への緊張度において、神を知性認識することは人間の存在論的身分における優位性にとって決定的かつ本質的である。このような存在論的に第一次性が問題となる脈絡でエックハルトは、被造的存在者を知るべきでないこと、むしろ被造的存在者を忘却すべきことを説くのである。[16]

一・三 〈**「神と無」の相関が語れる特有なコンテキスト**〉――エックハルトの下で〈神と無の対応〉が示唆される特有な少数のコンテクストは、その神‐存在論的（theo-ontologisch）な観点の優越性において、（上述一・一以下での）被造的存在者の無が語られる問題脈絡との差異が明確に際立つ。「無と同じもののみが、神と等しいのである。神的本質は無と同等であって、その内には像も形〔相〕もない」[17]と語られる時、神への関連における〈無〉は決して「何かでは無いもの」、あらゆる存在者性の否定的他者性が意味されていると理解するべきではない。[18]「これやあれへと差異化する限りでの被造的存在者の無」は、存在者を基点として被造性自体から否定的に次元化された飽和的-質的規定と言えるが、このような〔存在者における差異化を否定する限りでの〕無の普遍的概念は、〔それ自身〈絶対的な存在 esse absolute〉としても表明される〕神に対応するコンテキストで使用されるものと根本的に相違する。「……と言うのは、神は無であるからである。これは、神には存在がない、という意味ではない。……〔中略〕……。神は一切の存在の上にある存在である。神は存在のない存在である」[19]、「更にいえば、〈神は存在である〉と言うならば、それは真実ではない。神は超存在的存在にして超存在的無である」[20]とドイツ語説教にて語られる際に、神へと固有化する存在〔esse simpliciter et absolute——即ち、動性として神にのみ特有化される神-存在論的 theo-ontologisch に展開可能な存在理解〕から表裏一体的に〈無〉の本質現成が思索されるコンテクストであることに括目せねばならない。

一・三一　ドイツ語説教第七十一番〔Nr. 71〕〔Surrexit autem Saulus de terra apertisque oculis nihil videabat〈サウロは、地から起き上がって眼を開けたが、無を見た〔何も見なかった〕〉使徒行伝第九章八節〕は、〈神と無〉の問題脈絡を一定の組織性へと向けて開陳しているほとんど唯一と言ってよいテキストであるが、その冒頭部でエックハルトは総括的にこのテーマへの見通しを与えている。

この聖句には、四つの意味があるように思われる。第一は、彼が地から起き上がる時に眼を開けたが、何も見えなかった、この無は神であった、何故なら、神を見た時それを無と呼んだからである。第二の意味は、起き上がった時に神以外のものは見なかったことである。第三は、すべてのものに神しか見なかったことである。第四は、神を見た時、すべてのものを無と見たことである（DW III S. 211 Z. 5-S. 212 Z. 2）。

先ず注目すべきは、この聖書箇所に対する霊的解釈が〈神へとのみ求心化することにおいて可能な語り〉として〈神‐存在論的な無の意味変形〉の展開を示している点である。無の神‐存在論的意味地平における四つの意味変形は、〈神と無の相関性〉の位相開示とその転換を表す構図と捉えてよい。エックハルトの当該説教テキスト後半部の大部分は、この意味変形の構図に関しての註釈と理解できる。

一・三二　神についての可能な語りの在り方において〈無の存在論的に独自の重要性[21]〉は、無が純粋な一（unum）の在り処を開設し、人間の魂に固着・特殊化する一切のものから脱却せしめて魂自体を〈無に帰せしめる（das Zunichtwerden der Seele）〉動性として際立ってくるからである。

この絶対的一性の境域において、魂は何にも囚われることなく〈無の中の神〉を見つける。[22]

> 魂が一に入り、自分自身を純粋に捨てる域に達するならば、魂は一つの無の中にある神を見つけるのである。……〔中略〕……。そして、この無の中で神は生まれた。神は無の果実であった。神は無の中に生まれた。（DW III S. 224 Z. 4-5; Z. 7-S. 225 Z. 1）

「一つの無にある神」とは、無に於ける一性（unitas）である。「わたしは、一であるものを見ることはできない。彼は無を見た、それは神であった。神は無であり、また神はある何かである。何かであるものは、また無である[23]」とは、存在者を基点とする存在理解とは——この方向では、高次の存在が類比的に（analogice）上昇化する卓越（excellentia）の道において意味指示されようとも——神は無縁であるが、翻って然るにこの隔絶の〈無〉は神にのみ固有な存在（Esse）の在り処に他ならないことを語っている。それ故にこそ、存在するもの（存在者）では無い「或る何か」において超-存在的にも（超生命、超光として）神は無と語られ得る。他方、逆説的にこの神の内にすべての被造的存在者が見いだされ認識される限り、すべての存在者の存在は神自身の存在であり、これらの存在者は神自身の内で無として存在するのである。

二　以上の、その哲学思索における根本主題の開陳と独自の思惟の深化進展に〈無〉が問題として帰属する道を辿った、西洋ラテン中世後期のキリスト教思想史における卓越した思想家に対し、西田幾多郎（一八七〇—一九四五）に於ける〈無の場所〉の開けとは、どのような事−態（Sach-verhalt）と思索の透徹から立ち現われてくるのだろうか？

二・一　『善の研究』（一九一一）**等の初期著作における〈無〉**——『善の研究』の中で、「神はこれらの意味における宇宙の統一者である、実在の根本である、ただその能く無なるが故に、有らざる所なく働かざる所がないのである」（旧全集第I巻、一〇〇頁）と述べられる時、「実在の根柢」（参照、I、九六、九九、一七八頁）——同時に、真に「自己の根源」を成す無限の統一的活動力（I、一七四、一七九、一八一頁）——たる神の在り処が〈無〉として見いだされている。これは、エックハルトがそのドイツ語説教にて「すべてのものはその存在のうちで働くものである。如何なるものもその存在から外へ出て働くことはできない。……〔中略〕……。神が活動することのできる広い空間では、存在よりはるか上方で働く、神は非存在のうちで働く（würket in unwesene）のである」（ドイツ語説教第九番（Nr. 9）：DW I S. 145 Z. 4-S. 146 Z. 6）「……と言うのは、神は無であるからである。これは、神には存在がない、という意味ではない。……〔中略〕……。神は一切の存在の上にある存在である。神は存在のない存在である」（ドイツ語説教第八十二番（Nr. 82）: DW III S. 431 Z. 2-3）と語ると共に、『ヨハネ福音書講解』の中で「あなたは何処に住んでいるのか」（ヨハネ第一章三八節）とのイエスへの問いかけを解釈して、「神は魂の何処であり、一般的にすべての存在者の何処と場所である」（In Ioh n. 204-205）と説き及ぶのと照応する。西田は、実在の実在たる所以を――ヤーコプ・ベーメの〈無底（Ungrund）〉に暗示を得て――「達し得べからざる底（根柢）の内容の無限である無」（『自覚に於ける直観と反省』Ⅱ、一七四―一七五頁）と示唆してもいるが、『善の研究』からの上記引用箇所の直前でニコラウス・クザーヌスを引照しつつ、〈すべての把捉可能性において肯定的な有限性の否定〉としての神は「……全くの無である」が、それは即ち「実在成立の根柢である統一作用」（Ⅰ、九九頁）であることに他ならないことを明瞭に述べている（参照「ニコラウス・クザヌスの如きは神は有無をも超絶し、神は有にしてまた無なりといっている」Ⅰ、一九〇頁）。

二・二　『場所』論稿（一九二六）を基点としての「無の場所」

――一九二六年に起草され、論文集『働くものから見るものへ』（一九二七年、旧全集版第Ⅳ巻）に所収された論稿『場所』では、西田哲学中期の〈自覚の体系〉が深化されゆく中での〈場所〉の立場が開顕する。

我々が有るというものを認めるには、無いというものに対して認めるのである。併し有るというものに対して認められた無いというものは、尚対立的有である。真の無はかかる有と無とを包むものでなければならぬ、かかる有無の成立する場所でなければならぬ。有を否定し有に対立する無が真の無ではなく、真の無は有の背景を成すものでなければならぬ。（Ⅳ、

（二一七–二一八頁）

あらゆる有を否定する、有の対立としての〈対立的無〉とは、意識野（Bewußtseinsfeld）として未だ「一つの類概念的限定を脱することのできない」限定的な超越的述語面であり、そこに見られるのは「一種の潜在的有の意義すら認められる」意識作用である。超越的述語面とは、どこまでも述語となって主語とはなり得ない一般者へと極限化され、（逆にその主語方向に、どこまでも主語となって述語とはなり得ない真の個が成り立つのと裏腹に）判断の論理形式における包摂関係を拒絶し超え出てしまう在り処を示す。つまり、あらゆる意識現象の相互連関を自らの内に包容する場所（意識作用から見ればその対象を「映す場所」、意識される対象側から見ればそれが「於いてある場所」）である意識野は、物と物とが関係し働き合う「有の場所」（「空間」とか「力の場」としての一般概念の述語面」）を否定する対立的な「無の場所」として理解され、判断形式の主語論理による主観–客観関係が成り立つ相対的な有の開けの根柢（基底）へとノエシスに即して遡行された超越論的意識流として極限的に理解される（中期フッサールを参照）。西田の「自己が自己に於いて自己を見る」自覚の根本形式は、このような超越論的意識流としての「映す鏡」（Ⅳ、一八二頁）を如何なるものにも限定されることなく自己限定する超越的述語面（「自己に於いて」）である非対象的–非実体的な具体的一般者へと掘り下げて論理化している（「意識の野といふ如きものに至って、一般的なるものが真に自己自身を無にすると云ふことができる」Ⅳ、二〇七頁）。然るにこの「自己に於いて」の力動的成立（〈映す場所〉の媒体現出）は、「自らを限定する超越的述語面」としての超越論的意識野それ自体が成立する更なる場所的底へと重層化する（〈場所が場所の底へと超越する〉）。つまり、有的な関わりに対立する意識面としての相対的な〈対立的無の場所〉とそれを越えて「意識の背後に」（Ⅳ、二三二頁）有無の対立を超越する〈真の絶対無の場所〉とが分節される。〈於いてある場所〉が「有に非ず」「無に非ず」として高次の否定性（＝「否定の否定」へと否定動性の真実徹底）に自らを打ち拓き深層化するこのダイナミックな事―態こそ、「本体といふ如きものはもはや何処にも求めることのできない」「自己が自己を映すもの即ち自覚的なもの」（Ⅳ、四二七‐四二八頁）に他ならない[24]。

二・三　『無の自覚的限定』（一九三二）**の時期における〈絶対無の自覚的限定〉**――西田の後期思索への過渡期を示すものとされる、一九三二年刊行の論集『無の自覚的限定』（旧全集版第Ⅵ巻）の中で、一九三一年に執筆された「私の絶対無の自覚的限定というもの」は絶対無からの力動性を明示的に語っており、思索上の進展を跡づけることができる。その冒頭の部分で次のように述べられている。

絶対無の自覚といえば、絶対に無なるものが如何にして自覚するかなど言われるかも知らぬが、私の絶対無の自覚というのは単に何物もないという意味ではない。我々の自覚というのは自己が自己に於て見るということである。しかも自己として何物かが見られるかぎり、それは真の自己ではない、自己自身が見られなくなる時、すなわち無にして自己自身を限定すると考えられる時、真の自己を見るのである。すなわち真に自覚するのである。かかる意味において絶対に無にして自己自身を限定するのを絶対無の自覚というのである、そこに我々は真の自己を見るのである。（Ⅵ、一一七頁）

〈見る者無くして見られるものも無く見る〉と表現可能な真なる自己の自覚の遂行態は、〈絶対無の自覚的限定〉として主題化される。西田は、「しかし私の絶対無の自覚というのはかかる意味〔＝対象的限定それ自体の極限までの包摂〕において考えられる意識の極限という如きものではない、かえってかかる意識的限定を成立せしめるものである」（Ⅵ、一一九頁）と明記するが、自己自身に於いて自己を限定してゆくという自覚の構造は、もはやより一般者なるものが限定することのあり得ない「限定するものなくして自己自身を限定する」〈場所自身の自己限定〉（Ⅵ、一二一頁）へと窮まる。これを西田は、「無にして自己自身を見る」（Ⅵ、一二四頁）ところの〈無の自覚のノエシス的限定〉（Ⅵ、一二九頁）と理解し、更にノエシス的超越の極限へのノエマ面の没入（Ⅵ、一五五頁。参照――Ⅴ、一五四頁）たる〈絶対無の場所自身の自覚〉の動態からその自己限定の諸相を捉え返す（Ⅵ、一三六頁以下）。真の人格的〈個〉としての「自己」の成立と〈於いてある場所〉自身としての「あらゆる一般者を超越・包摂した絶対無の場所」との相即不二は、場所の哲学的論理によって透徹された自覚の構造の極致点である。

……絶対無の自覚そのものに於ては、自己自身を限定する今そのものにおいてはノエシスとノエマとが一でなければならない、真に無が無自身を限定することでなければならぬ、映すものと映されるものとが一でなければならぬ、鏡が鏡自身を映すと言ってよい。そこには単なる直観の静止があるのではなく、無にして有を限定する、死することによって生きるという如き真の弁証法的運動は実はこれによって成立するのである。(Ⅵ、一四九頁)

絶対無の自覚的限定は、「永遠の今の自己限定」(Ⅵ、一三三、一三八、一三九、一四〇頁)として現成する。この表現もこの時期の西田に特有で、マイスター・エックハルトの〈神に起源しての非連続な創造的現在の生起〉(Ⅵ、一八一―一八二頁。参照――エックハルトのドイツ語説教第三十八番 (Nr. 38): DW II, S. 230 ff.)に着想を得ると共に思想的に通底するものが見られる。底の無い現在としての永遠の今は、絶対無の自己限定であり(Ⅵ、一四二頁)、真の人格的時は自らの根柢へと自己否定に貫流された「現在が現在自身を限定する」(Ⅵ、一四二、一四六、一四八頁)非連続の連続たる意義(Ⅵ、一五一頁)を有さねばならない。即ち、「永遠の今の自己限定」が〈つかまれた今〉へとノエマ的方向に無限に限定されて合理的なるもの(客観化された絶対時におけるイデア的なもの)が見られる(Ⅵ、一四一―一四二、一四七頁)ことなく、ノエマ的束縛を脱してどこまでも〈つかまれることのできない、つかむ今〉へとノエシス的限定を受ける方向に人格の世界が成立する（参照――Ⅶ一六七頁）。真の個としての人格的自己は、その人格的時の「一々の点に於て神の創造作用に接する」（Ⅵ一四八頁）真に実在的な――「真の無の立場に於ては所謂無其者もなくなるが故に」（Ⅳ、二四七－二四八頁）――〈無基底的な基底〉たる絶対無の場所的－自覚的限定として成り立つのである。[25] 西田は、「……各々の人は各自の自己の根柢に於てかかる絶対無の自覚そのものに接していると言うことができる、すなわち神に接しているのである」（Ⅵ、一四九頁。参照――一五九－一六〇頁）とも述べるが、この〈ノエシス的限定の根柢に於ける、非合理なるものの合理性としての神への接触〉（Ⅵ、一五〇頁）に「行為の弁証法」（Ⅵ、一五七頁）としての「断続の連続」（同頁）を担う弁証法的直観（参照――Ⅵ、四〇二頁）の意義を見出すのである。絶対無の自覚的限定は、ヘーゲルのイデア的－過程的な思惟の弁証法における「ノエマ的なる無の自覚」（Ⅵ、一六八頁）とは対照的に、どこまでも絶対的に他なる根柢へと打ち拓くノエシス的弁証法（参照――Ⅵ、四二五－四二六頁）として理解されなければならない。[26]

三　絶対無の宗教的境地と〈神性の荒野〉

真に絶対無の意識に透徹した時、そこに我もなければ神もない。而もそれは絶対無なるが故に、山は是山、水は是水、有るものは有るが儘に有るのである。（Ⅴ、一八二頁）

西田の論稿「叡智的世界」（一九二八年、一九三〇年刊行の『一般者の自覚的体系』に所収）のほぼ末部に見られるこの文章は、宗教的境地（立場）を表明するものであり、「絶対無の場所という如きもの……、それが我々の宗教的意識」（V、一七七、一八〇、一八三頁。参照――VI、一五五、一六一、一六六‐一六七頁）とも述べられている。「真に自己の根柢を見るには宗教的解脱に入らなければならない」（V、一七二頁。参照――同、一七九頁）と西田が確言する時、対を絶する自己否定動性の極限に開かれる絶対無の場所への〈宗教的解脱〉とは、ただ〈ノエシスのノエシス〉としてのみ宗教的意義を有する（VI、一六七‐一六八頁）のであり、その際「我々の自己というものが、無限に自己の中に自己を限定する自覚的世界のノエシス的限定として考えられるもの……〔中略〕……、絶対の無から創造せられるという意味を有ったものでなければならない」こととなる（「私と世界」、『哲学の根本問題（行為の世界）』一九三三年所収、VII、一六五頁）。西田の後期哲学の展開においては、自己否定を媒介とするノエシス的超越からの宗教的境位が「我々は自己否定的に、逆対応的に、いつも絶対的一者に接して居る」（『場所的論理と宗教的世界観』一九四五年、XI、四二九頁）「我々の自己は、唯、死によってのみ、逆対応的に神に接する」（同、三九六頁）と表現されるようになる。[27] このような西田後期における〈逆対応の絶対矛盾的自己同一の論理〉を含めて、「我もなければ神もない」脱‐根拠的な無基底の場所（＝〈絶対無の場所〉）への突破において成り立つ宗教的自己の問題究明こそは、西田哲学研究における今後の課題としたい。

ここで結びに際して、本稿で最初に取り上げたマイスター・エックハルトとの対話的連関の可能性について示唆しておきたいと思う。エックハルトは、ドイツ語説教第五十二番（Nr. 52）では「わたしがあり得ないとすれば、神もまたあり得ないであろう。神が〈神〉であることの原因は私である。もし、私があり得ないとすれば、神は〈神〉ではないであろう[28]」と述べ、ドイツ語説教第八十三番（Nr. 83）では「あなたはあなたの存在から全く離れて、神の存在に流れ込みなさい。そしてあなたは神とともに、その生成しなかった在る性と名ざされない無（sin vngewordene istikeit vnd sin vngenanten nitheit）とを永遠に理解するために、あなたの〈あなたのもの〉と神の〈彼のもの〉とが完全に〈私のもの〉となるようにしなさい[29]」と語る。両コンテクストを一つに包含する思考境位について論じるよりも、ここでエックハルトの〈宗教的自己の境地〉が表明されていることに注目したい。「我もなければ〈神〉もない」と表明される西田の《絶対無の境地》は、エックハルトにおいては、人間の精神的生が徹底した離脱（abegescheidenheit）の高揚において自らの在り処とし得るところの「〈神〉とその相対項としての〈人間の自我性〉の還滅（entwerden）」の成就、即ち無形無相なる普遍的神性（上記引用の「生成しなかった在る性と名ざされない無」）——エックハルトが「神性の最内奥の根柢とその荒野〔砂漠 einœde; wüstunge〕」（Von dem edlen Menschen, DW V S. 119 Z. 3-4; S. 504 Z. 27）とも呼ぶ宗教性の深源——を開顕せしめる。但しエックハルトの場合、〈神〉がその根柢へと否定動性において突破

（Durchbrechen）された真の無相性における無の座は、翻って「〈一〉なる根柢としての普遍的神性からの神」成起の唯一本源的な存在（Esse）と理解されるのである。[30] このことを暗示するドイツ語説教第十番（Nr. 10）のテキストからの引用をもって、締結としたい。

　魂の内なる或る力は根柢まで行き、更に求め続け、神の単一性において神の荒野において神をとらえる。すなわち、魂は神を神の荒野、神自身の根柢においてとらえるのである。それ故、魂は如何なるものにも満足しないで、神性にある神、神自身の本性を固有領域とする神とは何かを探し求め続ける。[31]

この説教でエックハルトは、「魂はその存在を神から仲介なしに（âne mittel）受け取る、それゆえ神は、魂が自分自身に対するよりも、魂により近く存在する。従って、神は魂の根柢において、その全神性を備えて存在する」（DW I S. 162 Z. 4-6）とも述べる。この「〔魂の〕自ら自身よりもより近い」神は、あらゆる意識的生の自己関係に先立って「我も無ければ〈神〉も無い」直接性の成立する在り処（即ち、魂の根柢）と一体である他ないところのものなのである。

四　付論として――ハイデッガーにおける〈存在論的思惟と無〉――

〈存在の問いと思惟〉によって貫徹されるハイデガー（Martin Heidegger, 1889-1976）の思索の道において、〈無〉は存在の思惟との連関において『存在と時間』（一九二七年）前後期より後期思索圏に至るまでその境域（Element）として属してくる。この思索の歩みをここでは四段階的に素描してみることにしたい。

四・一　〈現存在の実存論的体制をその根底から規定する無〉――『存在と時間』期の〈（われわれであるところの存在者である）現存在をその根底において規定している無性（Nichtigkeit）〉（GA 2, S.377-379; 406; 409）とは、われわれに固有な実存論的体制における動性が徹底して無に貫かれていること（ebd., S. 378）を指示している。この実存論的事態は、実存の本来性において経験される「自らの実存の可能的不可能性としての無」（ebd., S. 352）であることが明るみ化し、不安（Angst）の根本気分において開示される「死の内への被投性」（ebd., S. 409）として告知される。現存在分析を通しての〈現存在の実存論的無性〉（――現存在自らの存在根拠に対しての絶対的無力：ebd., S. 509）の問題脈絡は、一九二九年の『形而上学とは何か』における「無の内へと投げ込まれ保たれていること」（die Hineingehaltenheit in das Nichts: GA 9, S. 115; cf. GA 3, S. 238）としての現‐存在の規定へと連繫しており、また後期ハイデガーのブレーメン講演『物』（Das Ding, 1949）の中で「無の聖櫃（der Schrein des Nichts）」（GA 79, S. 18）として語られる死の〈存在者からの離脱性において存在の本質現成を覆蔵する無の根本経験〉までに展開するものである。(32)

四・二　〈世界の、そして世界‐内‐存在としての現存在の超越における根源無（nihil originarium）**〉**

――この問題構制は、ハイデガーのマールブルク最終期においてのみならず、中期ハイデガーへと引き継がれゆく長い射程を有する。一九二八年夏学期講義でハイデガーは、次のように述べる。

現存在が実存すれば、それと一緒にまた既に世界進入（Welteingang）も生起している、そしてしかもその現場で正に進入してきている眼前直前的なるものと共には何も（nichts）進行しない、という様に生起するのである。……〔中略〕……。しかし世界進入の生起において進入してくるものと共には何も進行しないのならば、世界そのものは無ではないのか？事実その通り――世界は無である――もし〈無〉ということばが眼前直前的なものという意味での存在者ではないということを意味し、むしろ存在者ではないことという意味での無や、現存在がそのようなものとして超越するところのものという意味での無のことを意味するのならば。しかし現存在は、それ自身自らをも超越するのである。世界――一つの無（ein Nichts）、如何なる存在者でもない――、それでいて何か（etwas）であるが、存在者であるという何ものでもない――けれどもむしろ存在なのだ。従って世界は、消極的無（nihil negativum）という意味での如何なる無でもない。では、世界そしてその根底において世界-内-存在そのものは如何なる無（nihil）なのであろうか（GA 26 S. 252）。

「世界進入」という用語は、『存在と時間』期よりの「世界投企（Weltentwurf）」という表現と対をなすが（ebd., S. 247 ff.）、この講義では（諸存在者の世界進入の可能性と展開との統一的な出来事である）歴史的現存在の原超越（Urtranszendenz）としての実存の動性（ebd., S. 251; vgl. GA 9, S. 166 f.）を更に「超振動（Überschwung）」という術語化を通してより明晰に主題化している――「……世界は超振動において対置されているのでなければならず、〔現存在という本質を有する〕存在者は世界-内-存在として、即ち超越するものとして構成されているのでなければならない。もしこの超越する存在者自体が、存在者一般と同様そのものとして顕わになるはずならば」（ebd. S. 249）。つまり、超振動とは現存在の超越論的体制としての世界開示と（存在者一般の現出様式における）存在者的基礎における事実性の拘束との間での実存の脱自的振幅運動を意味している（vgl. ebd., S. 270）。このようにハイデガーによれば世界は、単に存在者の総体としてもまたそれ自体が存在者の或る特定の存在性格としても理解できず、現存在の超越論的構造（原超越）と共に生起する根本事態であり、存在者が入り来ると同時に凡そ存在者的には「無」なのである。但しこの「無」は、単なる「何も無い」という意味での消極的無（nihil negativum）なのではなく、「根源的無（nihil originarium）」と性格づけられねばならない。

世界とは、それが如何なる存在者でも無いという意味における無である。如何なる存在者でも無いにもかかわらず、与えられる〔「それが与える（es gibt）」〕ところの何かである。……〔中略〕……。世界は、自ら自身を根源的に時熟させる無であり、時熟において且つ時熟と共に端的に発現するところのもの（das Entspringende schlechthin）である――それ故われわれは、世界を根源的無（nihil originarium）と名づけるのである（GA 26 S. 272）。

ハイデガーは、既に初期フライブルク期（一九一九年春–一九二三年夏学期）よりして、「それが与える（es gibt）」ところの世界現出の力動性を「それは世界する（es weltet）」（GA 56/57, S. 73; 91）「それは自性生起する（es ereignet sich）」（ebd., S. 75）といった言語形式の下で開示する思考の次元を呈示していた。マールブルク期最後の講義と同時期に起草された論稿『根拠の本質について』（1928/29）の第三版に付された前書き（1949）の中でハイデガーは、「無とは存在者では無いということであり、かくして存在者の方から経験された存在である。存在論的差異は、存在者と存在の間の無い（das Nicht）である。けれども存在者に対する無い（=存在者では無い）としての存在が否定的な無（nihil negativum）という意味での無でないのと同様に、存在者と存在の間の無いとしての差異は単に悟性の区別による形成物（思考上の存在者 ens rationis）に過ぎないのではないのである」（GA 9 S. 123）と言及している。してみればマールブルク時代の終結期に言及された「世界の根源的無（nihil originarium）」としての現存在の超越性格」も、存在論的差異が経験される被投的-形而上学的由来への拘束（vgl.「存在論的差異の形而上学的刻印」: Zur Sache des Denkens, 3. Aufl. Tübingen, 1988, S. 36）においては、「存在者性に対しての拒否的な送付（abweisende Verweisung）」（ebd., S. 114）に他ならないのである。[33]

四・三　〈存在者一般の遮蔽から存在を覆い隠すヴェール Schleier としての無〉

――「われわれは、無（das Nichts）が無い（das Nicht）や否定作用（Verneinung）よりも根源的であると主張する」（一九二九年講演『形而上学とは何か』：GA 9 S. 108）「〈無〉は、……〔中略〕……全体としての存在者の否定（Verneigung）に汲みつくされるのか、或いは決してまたどこでも存在者ではないところのものが、われわれが存在（das Sein）と名づける、あらゆる存在者から自らを区別するものとしてそれ自身のヴェールを取る（sich entschleiert）のか」（『形而上学とは何かへの後語』一九四三年：GA 9 S. 305）――フライブルク大学正教授就任講演『形而上学とは何か』以降から中期思索圏への展開の中で、思考における論理的否定作用に先行する非-存在者としての〈無の現象性格〉が主題化されてゆく。無は、存在者に対しての無規定性として生起するが、この無の現象的生起はあれこれと区別化される個別的存在者性を失効させ、全体における存在者（das Seiende im Ganzen）への直面と乗り越えを指示する（ebd., S. 118）[34]。講演『形而上学とは何か』に一九四三年に付加された後語（Nachwort）においては、「言葉喪失の本質化する場の一つは、無の深淵がそこへと人間を気分づける驚愕という意味での不安である。存在者に対して他なるものとしての無は、存在のヴェール（Schleier）である」（ebd., S. 312）と述べられるが、〈無〉は〈存在〉と同一化されることなく、その現象性格は「存在のヴェール」に留まることがテキストの文脈では意味されている。「存在者ではないもの、すなわちそのように理解された存在それ自体としての無」（『形而上学とは何か』への序論、一九四九年：GA 9 S. 382）とも述べられるように、「存在者ではない」という存在者を基点とする否定性における限りでの存在と無の相依性が指示されているのみである（cf. GA 15 S. 348）。〈無〉から〈存在の自らに即して自らを示す〉現象性へと直接通じているわけではなく、むしろその存在者一般の遮蔽は存在を覆い隠すヴェールである。〈無〉の沈黙する無差別化は、それ自身からは如何なる他者にも通じることはできず、〈無と存在との間の沈黙した深淵としての隔たり〉が支配的なのである。

四・四　〈存在と無の共属性〉——ハイデガーの思惟の道において、存在の本質現成（die Wesung des Seyns）に〈無〉が共属しつつ「自性化性起する事態（Ereignung）の接合構造（Fügung）」が思索の中点となる時期とは、『哲学への寄与論稿』執筆期（一九三六―一九三八年）を境としてである（vgl. GA 65 S. 101; 118; 245; 246-247; 266; 267; 471; 483）。但し一九三五年の『形而上学入門』講義には既に、「……〈無〉が存在として現成する（wesen）すること」（『形而上学とは何かへの後記』一九四三年：GA 9 S. 306）の最初の暗示が見出せる（「反対に、存在についての問いにおいてはっきりと〈無〉という限界にまで進み、この〈無〉を存在の問いの中へ含み入れること、これがニヒリズムを真に克服するための、第一のそして唯一の有効な歩みである」（GA 40 S. 212)）。一九三八／三九年及び一九四一年に起草された論稿『否定性　否定性における端緒からのヘーゲルとの対決』においては、存在それ自身の根本動性としての〈無〉〈無化〉が次のように語られる。

深淵〔根拠-剥奪 Ab-grund〕としての空け開け（Lichtung）――無、それは虚無的（取るに足らない nichtig）なのではなく、本来の重点（Schwergewicht）であり、原存在自身（das Seyn selbst）である（GA 68 S. 15）。

無は原存在に対しての深淵的な対向（Gegen）であるが、このようなものとして原存在の本質〔現成 Wesen〕である（ebd.）。

無は決して、単なる眼前に存在するものへの成り損ない（ein Un-vorhandenes）、無効なもの、無価値なもの、非-存在者（Un-seiendes）という意味での虚無的（取るに足らぬもの）なのではなく、底知れぬ程に-深淵的に無化するものとしての原存在自身の本質現成（Wesung）である（ebd., S. 47）。

これらの言明は、ハイデガーの中期から後期思索圏に固有な思索境涯を慎重に辿り直さなければその真意を掌握し開明し得ないことに多言を擁しないが、〈原存在（Seyn）の本質現成に帰属する無の無化〉は「無を存在者の規定性や媒介の単なる否（Nein）に引き下げてしまった」（GA 65 S. 483）ヘーゲルを初めあらゆる形而上学から思惟を解放し、自性化する性起（Ereignis）の本質動向においての「内立的な帰属（inständliche Zugehörigkeit）」からのみ（ebd., S. 317; vgl. ebd., S. 256; 298; 311; 467; 499-500）可能となる「どのように存在が本質現成するのかの内立的な知」（ebd., S.7; vgl. GA 66, S. 120-121）の蘇生を開墾することになる。更に後期思索圏からの論稿『存在の問いへ』（一九五五年）の中の一節は、後年に表明される〈顕現せざるもの・目立たないものの現象学（die Phänomenologie des Unscheinbaren）〉の問題構制へとも通じる以下のような叙述が見出せる。

> 在るものではないがそれにもかかわらず与えられている（es gibt）この無は、虚無的なるものではない。この無は、現-前（An-wesen）に属する。存在と無とは、相並んで与えられているのではない。一方は他方の為に或る親近性の内で自らを消尽しており（sich in einer Verwandtschaft verwendet）、その親近性の本質充溢をわれわれは未だほとんど熟考したことがないのである。われわれが以下のように問うことを等閑にしている限り、この〔現成する〕本質充溢の親近性を熟考することもない——すなわち、ここで「それは与えている（es gibt）」それとは、如何なる「それ（Es）」を意味思念しているのか？ 如何なる与えること（dos Geben）の内でそれは与えるのか？ 如何なる程度でこの「それは存在と無とを与える」には、この与えられたもの（Gabe 贈与）にそれを保管するに際して自身を委ねるようなものが属しているのか？ われわれは、軽々しく「それは与える」と言う。無が《存在者する（ist）》のではないのと同様に、存在も《存在者する》のではない。けれども、それは

〔存在と無の〕両者を与える（Zur Seinsfrage, in: GA 9 S. 419.）[35]。

以上、〈付論〉としてハイデガーの存在の思索から開顕する無の思考コンテキストを一瞥したが、ニヒリズムとの格闘をも含めハイデガーの思惟〈と〉エックハルト／西田の宗教哲学的思索境位の本格的な対話／歴史的対-決の火蓋をきるための準備は、未だ全く整っていないと告白せざるを得ない。但しそれでも尚、ここでも再び以下の問いが筆者の思考境涯に差し迫ってくるのである——その哲学思索における根本主題の開陳と独自の思惟の深化進展に〈無〉が問題として帰属する道を辿った西洋の二人の巨匠に対し、西田幾多郎に於ける〈無の場所〉の開けとは、どのような事-態（Sach-verhalt）へと〈存在の思索〉の透徹と交差しつつ立ち現われてくるのだろうか？

註

承前　知性的活動原理における、〈神の像（imago）の在り処〉の究明

（1）Dietrich von Freiberg ,Orera Omnia, herausgegeben von R . Imbach, B. Mojsisch, L. Sturlese u. a. unter der Leitung von Kurt Flasch, 4. Bände,（Corpus Philosophorum Teutonicorum Medii Aevi II, 1-4）, Hamburg 1977-1987.

（2）Cf. Karl-Hermann Kandler, Theologische Implikationen der Philosophie Dietrichs von Freiberg, in: K.-H. Kandler, B. Mojsisch und F. B. Stammkötter（Hrsg.）, Dietrich von Freiberg. Neue Perspektiven seiner Philosophie, Theologie und Naturwissenschaft. Freiberger Symposion: 10-13. März 1997,（Bochmer Studien zur Philosophie Bd. 28）, Amsterdam/ Philadelphia 1999, S. 121-134.

（3）Cf. Kurt Ruh, Geschichte der abendländischen Mystik, Band III: Die Mystik des deutschen Predigerordens und ihre Grundlegung durch die Hochscholastik, München 1996, S. 184-212, besonders S. 208 f.

（4）この解釈視点は、以下更に敷衍されて明らかにされる。Kurt Flasch は既に彼の最初のディートリッヒ論考において、アリストテレス的形而上学の構想を修正するディートリッヒは「形而上学の自己意識（理解）の最初の覚醒者であること」に触れている――Kurt Flasch., Kennt die mittelalterliche Philosophie die konstitutive Funktion des menschlichen Denkens? Eine Untersuchung zu Dietrich von Freiberg, in : Kantstudien（Philosophische Zeitschrift der Kant-Gesellschaft）,63 Jahrgang Heft 2, 1972, S. 182-206; S. 205-206.

（5）Dietrich von Freiberg, Opera omnia Tomus 1: Schriften zur Intellekttheorie, mit einer Einleitung von Kurt Flasch, hrsg. von Burkhard Mojsisch, Hamburg 1977, S. 15-63.

＊以下、ディートリッヒの知性論の二著作は次のように略式表示によって示される。

Tractatus Magistri Thedorici De visione beatifica = De vis. beat.

Tractatus De intellectu et intelligibili Magistri Theodorici = De int.

後続の数字（例えば 1.1.2（2）など）は Opera omnia に従う。

（6）この点について詳しくは、Kurt Flasch, Procedere ut imago. Das Hervorgehen des Intelleks aus seinem göttlichen Grund bei Meister Dietrich, Meister Eckhart und Berthold von Moosburg, in: Kurt Ruh（Hrsg.）, Abendländische Mystik im Mittelalter.（Symposion Kloster Engelberg 1984）, Stuttgart 1986, S. 125-134; S. 126; 133; 135.

（7）但し、„... quod praecipue capax Dei est prae omnibus viribus, quas Deus in nostra natura plantavit.“: De vis. beat. 1. 5（7）と述べられて、霊魂の諸能力を通しての完成化へ向けての原理であることも示唆されている。

（8）Dominik Perler, Theorien der Intentionalität im Mittelalter（Philosophische Abhandlungen Bd. 82）, Frankfurt a.M. 2002 は、認識理論上の論争的立場である »Realismus vs Repräsentationalismus« の拮抗どちらへとも終極し得ないトマスの認識理論の基礎を、認知的存在者の基準（Kriterium）である志向性に依拠するトマス的問題構制の徹底的分析によって解明しており、トマスの認識形而上学の中核に迫っている（S. 31-100, besonders S. 80 ff.）。トマスによって適用された命題のアリストテレス的源泉については、以下を参照――De anima Γ 430a3; 430a19; 431a1; b17;

b22; Metaphysica Δ 1074b38 ff.

（9）既に感覚的認識における志向的存在について自然的存在の先行性が述べられている。つまり単に論理的にではなく、存在論的に先立つとされる。自然的存在（esse naturale）が完全存在（esse completum）とされるのに対して、志向的存在（esse intentionale）は不完全存在（esse incomletum）として、単に或る認識能力への関わりにおいての存在論的位置価（esse diminutum）しか有さない。トマスにおいては、霊魂の実体レヴェルが自然的形相の究極を成す限りで、活動（operatio）としての志向存在は自然的存在（esse naturale）から派出するのである。

（10）一九二七年夏学期講義 Die Grundprobleme der Phänomenologie, Marburger Vorlesung Sommersemester 1927, hrsg. von F. W. von Hermann, Gesamtausgabe Band 24, Frankfurt a. M. 1975, S. 94-107; 219-231. を特に参照。

（11）Ebd., S. 223-224.

（12）Ebd., S. 230.

（13）ディートリッヒ解釈のこの決定的に重要な局面に関して Theo Kobusch, Die Modi des Seienden nach Dietrich von Freiberg, in: Kurt Flasch（Hrsg.）, Von Meister Dietrich zu Meister Eckhart（Corpus Philosophorum Teutonicorum Medii Aevii Beiheft 2）, Hamburg 1984, S. 46-67, besonders S. 59 f. を参照。Kurt Flasch とその学派（Burkhard Mojsisch 等）の行過ぎた解釈（＝カント以降の超越論哲学の端緒は既にディートリッヒの知性論において与えられているとする）に対して、ディートリッヒにおいては（主観的意識としての）知性のアプリオリな構成は一定の存在様相に限定されていることが強調されなければならない。

(14)「形式的論理学」との根本的区別における「超越論的論理学」の概念について、例えば以下を参照――Hermann Krings, Transzendentale Logik, München 1964, S. 19-20; S. 55 ff.

(15)この観点からの問題究明について以下を参照――Jan A. Aertsen, Die Transzendentalienlehre bei Dietrich von Freiberg, in: Dietrich von Freiberg. Neue Perspektiven seiner Philosophie, Theologie und Naturwissenschaft, hrsg. von K. H. Kandler, B. Mojsisch und F. B. Stammkötter,Amsterdam/Philadelphia 1999, S. 23-47.

(16)In Ioh n. 24; Sermo XLIX 2 n. 510（LW IV S. 425 Z. 1-5）; ドイツ語説教 Nr. 16b（DW I S. 270 Z. 5 f.）

(17)In Ioh n. 342; ドイツ語説教 Nr. 21（DW I S. 367 Z. 6 -8）。

(18)西田幾多郎『叡知的世界』（一九二八年一〇月）〔旧全集版第五巻、岩波書店、一二三―一八五頁〕、特に一七三頁以下を参照。更に『私の絶対無の自覚的限定というもの』（一九三一年）〔旧全集版第六巻、岩波書店一一七―一八〇頁〕も参照。

(19)トマス・アクィナスの思考総合に顕著に見出せるこの重要要因については、拙著 Selbstbezüglichkeit und Habitus. Die latente Idee der Geistmetaphysik bei Thomas von Aquin, München 1997, S. 109-131 を参照。

(20)Cf. Sermo XLIX 2 n. 510-511（LW IV S. 425, Z. 5-8; S. 425 Z. 14 f.）――更なる論及は、以下の研究書を参照――Mauritius Wilde OSB, Das neue Bild vom Gottesbild. Bild und Theologie bei Meister Eckhart, Freiburg/ Schweiz 2000, S. 114-123.

第一論稿　マイスター・エックハルトの言語理解に寄せて

第一節　問題の着手措定的開陳

（1）Karl-Otto Apel, Die Idee der Sprache in der Tradition des Humanismus von Dante bis Vico （Archiev für Begriffsgeschichte Bd. 8, hrsg. von Erich Rothacker）, Bonn 1963; 3. Auflage 1980.

（2）Ebd., S. 5; 17-18.

（3）Ebd., S. 98.

（4）Ebd., S. 18-19; 87; 91; 286 ff.

（5）Ebd., S. 70 f; 321 ff.

（6）Ebd., S. 50; 78 ff; 97 f.

（7）Ebd., S. 5.

（8）Kurt Flasch, Die Intention Meister Eckharts; in: Sprache und Begriff. Festschrift für Bruno Liebrucks, hrsg. von Heinz Röttges, Brigitte Scheer und Josef Simon, Meisenheim am Glan 1974, S. 292-318.

（9）Ebd., S. 297; vgl. S. 302.

（10）Ebd., S. 295.

（11）最近の神秘主義研究における《神秘主義概念》の洗練された分化に依拠しての「ドイツ神秘主義」理解の準拠枠解明の作業としては、例えば以下を参照――Kurt Ruh, Geschichte der abendländischen Mystik, Bd. III: Die Mystik des deutschen Predigerordens und ihre Grundlegung durch die Hochscholastik, München 1996, S. 184-212, besonders S. 208 f. こういった研究動向も踏まえた上で、再度エックハルトのキリスト教的思惟において果たして（啓示神学と区別された従来の意味規定の下での）哲学的神論が成立しているのかといった問いを議論することもできようが、それは本論稿の意図するところではない。いずれにせよここでのエックハルト解釈では、中世盛期に受容されたアリストテレスに由来する「形而上学の〈存在‐神‐論的〉（onto-theo-logisch）端緒」は、エックハルト及びフライベルクのディートリッヒの下では新プラトン主義的思想潮流の再活性化を通して――その一性形而上学と精神形而上学の結合による――「神‐存在‐論的（theo-onto-logisch）」形而上学の体制構想へと転回・変転している、と考える。本書においては、以下の第二論稿内で再びエックハルトに独創的に見出せる形而上学構想について言及されるが、この解釈テーゼが確証を得ることになるのはエックハルトの組織的な思考の十全な開明を通してのみである。

（12）Vgl. Burkhard Hasebrink, Formen inzitativer Rede bei Meister Eckhart. Untersuchungen zur literalischen Konzeption der deutschen Predigt（Texte und Textgeschichte 32）, Tübingen 1982, S. 9: „Eckharts Sprachtheorie ist, soweit sie sich überhaupt als solche erheben läßt, Bestandteil Untersuchungsgegenstandes und kann daher nicht Bedingung des Untersuchungsverfahrens sein.“

（13）Alois Maria Haas, Meister Eckhart und die Sprache, in: ders., Geistliches Mittelalter, Freiburg/Schweiz 1984, S. 65-86; S.72.

(14)以下、トマスの言語論の比較的最近の研究として重要なものを幾つか挙示する――H. Weidemann, Metaphysik und Sprache. Eine sprachphilosophische Untersuchung zu Thomas von Aquin und Aristoteles, Freiburg/ München 1975; L. Oeing-Hanhoff, Sein und Sprache in der Philosophie des Mittelalters, in: ders., Metaphysik und Freiheit, hrsg. von T. Kobusch u. W. Jaeschke, München 1988; Norbert Bathem, Thomistische Ontologie und Sprachanalyse, Freiburg/ München 1988.

(15)その中心的テキストとしては、Ver q. 4; CG IV11 et 14; Pot q. 8 a. 1; S th I q. 27; In Joan c. 1 lect. 1.; etc. を参照。

(16)„ ... in loquente triplex verbum invenitur: scilicet id quod per intellectum concipitur, ad quod significandum verbum exterius profertur: et hoc est verbum cordis sine voce prolatum; item exemplar exterioris verbi, et hoc dicitur verbum sine voce prolatum; item exemplar exterioris verbi, et hoc dicitur verbum interius quod habet imaginem vocis; et verbun exterius expressum, quod dicitur verbum vocis. Et sicut in artifice praecedit intentio finis, et deinde sequitur excogitatio formae artificiati, et ultimo artificiatum in esse producti; ita verbum cordis in loquente est prius verbo quod habet imaginem vocis, et postremum est verbum vocis.“: Ver q. 4 a. 1c.

(17)„Sed verbum cordis, quod nihil est aliud quam id quod actu consideratur per intellectum, proprie de Deo dicitur, quia est omnino remotum a materialitate et omni defectu.“: ibid.

(18)Ibid.

(19)„Nec hoc requiritur ad rationem verbi quod scilicet actus intellectus, qui terminatur ad verbum interius, fiat cum aliquo discursu, quem videtur cogitatio importare; sed sufficit qualitercumque aliquid actu intelligatur.“: Ver q. 4 a. 1 ad 1; cf. CG IV 14 n. 3499; Pot q. 8 a. 1 c. ——ここではトマスにおける知性の働きの諸様相について言及する余地がないので、拙著 Selbstbezüglichkeit und Habitus. Die latente Idee der Geistmetapysik bei Thomas von Aquin, EOS Verlag München 1997, S. 101 f. を参照。

（20）„... verbum intellectus nostri, secundum cuius similitudinem loqui possumus de verbo in divinis, et id ad quod operatio intellectus nostri terminatur, quod est ipsum intellectum, quod dicitur conceptio intellectus; ... . Si autem secundum similitudinem alterius tantum, scilicet quod est intellectum, sic hoc nomen verbum in divinis non importabit processum realem, sed rationis tantum.“: Ver q.4 a.2 c; cf. CG IV 11 n. 3478. ——トマス研究者の立場からは、既にここで類比的神認識と（後年のトマスに固有の）神名論のコンテキストにおける「卓越（excellentia）による、神についての肯定的述定」を巡って、アリストテレス的知性論と新プラトン主義的精神形而上学の緊張を孕んだ総合へ向けての問題の萌芽や問いの展開可能性を指摘できようが、この最小限の叙述では留め置かざるを得ない。

（21）„Verbum cordis importat quoddam procedens a mente, sive ab intellectu. Procedit autem aliquid ab intellectu, in quantum est constitutum per operationem ipsius.“: Quodl V q.5 a.2 c; „Quicumque enim intelligit, ex hoc ipso quod intelligit, procedit aliquid intra ipsum, quod est conceptio rei intellectae, ex vi intellectiva proveniens, et ex eius notitia procedens. Quam quidem conceptionem vox significat: et dicitur verbum cordis, significatum verbo vocis.“: S th I q. 27 a. 1c. 但し S th I q.

34 a. 1 のテキストでは確かにことばの三次元の区別が再びなされるが、Ver q. 4 a. 1 c での三階層を厳密に示すものではない。

(22) Cf. Quodl V q. 5 a. 9 c; Pot q. 9 a. 5 c; S th I q. 107 a. 1c.

(23) In Joan c. 1 lect. 1 nn. 26-28.

(24) „ratio proprie nominat conceptum mentis, secundum quod in mente est, etsi nihil per illam exterius fiat; per verbum vero significatur respectus ad exteriora:“: In Joan c. 1 lect. 1 n. 32; cf. In II Sent d.11 q. 2 a. 3 c. ——この言明からも、トマスにおける言語の本質規定が観念論的な意味規定の下での概念（Konzeption）及び理念（Idee）へとは還元されないことが明らかである。エックハルトの『ヨハネ福音書註解』における「知性それ自体から生み出されることば、即ち理念（idea）」という哲学的主張（cf. In Ioh n. 31）との比較検討もなされる必要があろう。

(25) „...intellectus, per speciem rei formatus, intelligendo format in seipso quandam intentionem rei intellecta, quae est ratio ipsius, quam significat definitio“: CG I 53.

(26) „Est autem de ratione interioris verbi, quod est intentio intellecta, quod procedat ab intelligente secundum suum intelligere, cum sit quasi terminus intellectualis operattionis:“: CG IV 11 n. 3473. „Differt autem〔conceptio〕ab actione intellectus: quia praedicta conceptio consideratur ut terminus actionis, et quasi quoddam per ipsam constitutum.〔...〕Huiusmodi autem verbum nostri intellectus, est quidem extrinsecum ab esse ipsius intellectus（non enim est de essentia, sed est passio ipsius）, non tamen est extrinsecum ab ipso intelligere intellectus, cum ipsum intelligere compleri non possit sine verbo praedicato.“: Pot q. 8 a. 1c; cf. S th I q. 107 a. 1c; In IV Sent d. 1 q.

1 a. 4 sol. 4.

（27）„conceptio intellectus est media inter intellectum et rem intellectam, quia ea mediante operatio intellectus pertingit ad rem. Et ideo conceptio intellectus non solum est id quod intellectum est, sed etiam in quo res intelligitur;“: Ver q. 4 a. 2 ad 3. „Istud ergo sic expressum, scilicet formatum in anima, dicitur verbum interius; et ideo comparatur ad intellectum, non sicut quo intellectus intelligit, sed sicut in quo intelligit; quia in ipso expresso et formato videt naturam rei intellectae.“: In Joan c. 1 lect. 1 n. 25; cf. De differentia verbi divini et humani n. 288; De natura verbi c. 1 n. 275f.

（28）‚species'が人間知性の現実態化を遂行する‚principium formale quo'と規定されるのに対し、‚intentio intellecta'とも性格づけられる知性的懐胎としての内的言語は、そこにおいて認識が展開される場‚in quo'である（cf. S th I-II q. 93 a. 1 ad 2）。詳論として、以下を参照：Ludger Oeing-Hanhoff, Wesen und Formen der Abstraktion nach Thomas von Aquin, in: Philosophisches Jahrbuch 71, 1963, S. 14-37; 拙著 Selbstbezüglichkeit und Habitus, S. 84-100.

（29）トマスにおける「ことばの直接志向的で反省化されていない性格」を二十世紀の哲学者ガダマーも的確に指摘している——Hans-Georg Gadamer, Wahrheit und Methode, 4. Auflage, Tübingen 1975, S. 403. 言語的に媒介された世界開示をトマスが決して単なる記号系としてではなく、知性の光によって可知化された認識内容として人間に固有な共同性にとっての本質構成要素と考えていることについては、以下を参照のこと——Jakob Hans Josef Schneider, Der Begriff der Sprache im Mittelalter, im Humanismus und in der Renaissance, in: Archiev für Begriffsgeschichte

Bd. 38, Bonn 1995, S. 66-150; ここでは、S. 114-119.

（30）言語の本質のこの深層次元について、更に以下のエックハルトのテキストを参照——「本来にことば化されるものとは、内から出で来るものでなければならず、内的な形式によって運動しているものでなければならない。そして、外から内へ至るのではなく、内から外へと出で来るのである。それは本来、魂の最内奥に活生している」（ドイツ語説教 Nr. 4, DW I S. 66〔S. 443〕）。その他、ドイツ語説教 Nr. 30（DW II S. 94 f.〔S. 656 f.〕）、ドイツ語説教 Nr. 38（DW II S. 229 Z 1-S. 230 Z 1〔S. 679〕）を参照。

（31）「『すべてのものが沈黙の静けさの内にあった真夜中に、主よ、あなたのことばは王座から下った』（知恵の書第一八章一四―一五節）。それは即ち——如何なる被造物も魂の内へと明らむことも姿を現すこともない夜、そして何ものも魂の内へと語りかけない沈黙において、ことばは知性的本性の内へと語り込まれる。ことばは知性に生来固有で、知性の内にあって存立するごとく verbum と呼ばれる」（ドイツ語説教 Nr. 73 DW III S. 266〔S.553〕）。Cf. ドイツ語説教 Nr. 37（DW II S. 211〔S. 676〕）。

（32）フィンランドの言語学者・言語哲学者 Lauri Seppänen はその研究 Meister Eckharts Konzeption der Sprachbedeutung. Sprachliche Weltschöpfung und Tiefenstruktur in der mittelalterlichen Scholastik und Mystik?, Tübingen 1985, S. 67 において、bilde（Bild 像）という語は中世スコラ学と神秘主義の中高ドイツ語では可感的表象像に当てはまると共に、ことばの音声の心理的–具体的モデルである限りで範型因的意味を持つことを指摘している。ここで提案された「像的な内的言語」として第二の階層を性格づける解釈をわれわれも受け入れたい。

（33）Phillip Strauch（Hrsg.）, Paradisus anime intelligentis（Deutsche Texte des Mittelalters Bd. XXX）, Berlin 1919, 2. Auflage hrsg. von Niklaus Largier und Gilbert Fournier, Hildesheim 1998, S. 14（= DW II, Predigt Nr. 38 S. 229〔S. 679〕）. 更に、ドイツ語説教 Nr. 18: „Alliu wort hânt kraft von dem êrsten worte.“（DW I S. 306〔S. 501〕）を参照。

（34）Franz Pfeiffer（Hrsg.）, Meister Eckhart, 4. Auflage, Göttingen 1924, S. 18-19.

（35）„〔...〕, dar umbe sol sich diu sêle ûf erheben in irm natiurlîchen liehte in daz hœhste und in daz lûterste〔...〕; dâ wirt diu sêle lebende und widersprechende in dem worte“: ドイツ語説教 Nr. 18（DW I S. 306 Z. 9-S. 307 Z. 4〔S. 501〕）。

（36）この点をエックハルトのドイツ語著作集の最初期よりの編集責任者であったヨゼフ・クヴィント（Josef Quint, 1898-1976）も明確に強調していた――ders., Mystik und Sprache. Ihr Verhältnis zueinander, insbesondere in der spekulativen Mystik Meister Eckharts, in: Kurt Ruh（Hrsg）, Altdeutsche und altniederländische Mystik, Darmstadt 1964, S. 113-151, S. 132 f. 更に、（外的事物へ向けての）表象化を介した概念的思考が「不断に活動する魂の火花」を場とする「心性の最高の部分」に魂の生命が同化する認識を覆い隠す（verbirget）とする言明が、ドイツ語説教 Nr. 76（DW III S. 315-316〔S. 562-563〕）に見出される。十四世紀前半からの中世後期の思想動向において、トマスとは一線を画するエックハルトの言語の思索の中心志向（intentio）の内に、思想史上の分岐点を十分に考慮すべきであろう。

（37）ドイツ語説教 Nr. 53（DW II S. 529〔S. 732〕）; Cf. F. Pfeiffer, a. a. O., S. 77 Z. 9-11.

（38）ドイツ語説教 Nr. 19（DW I S. 312〔S. 502〕）.

(39)ドイツ語説教 Nr. 1〔DW I S. 15〔S. 431〕〕.

(40)ドイツ語説教 Nr. 17〔DW I S. 284〔S. 496〕〕.

(41)Cf. Lauri Seppänen, a. a. O., S. 75 ff., besonders S. 76-78. ここでエックハルトの外的な基準による追検証可能性を欠く言語思考法が《私的言語（private Sprache）——後期ヴィトゲンシュタインによってその不可能性が明らかにされた「私だけに理解可能な私的内面性のことば」》に抵触せず、むしろ別の根拠から私的言語なるものの実在性を否定的なものとする「純粋な知性的生命に内在的なことばの生起」の主張に他ならない、と解釈することにわれわれも同意したい。尤も、「知性内在的に成立する言語」という言語把握それ自体が再びヴィトゲンシュタインの言語批判の標的となるであろうが。尚、Seppänen は上掲書の第三部（S. 87 ff.）・第四部（S. 108 ff.）で「知性的発出においてその言語適用の形式が隠喩的に解明されてゆく」言語の深層構造をトマス及びエックハルトの言語理論として読み取る試みを敷衍している。

(42)LW I S. 619; cf. LW I S. 578 ff.; In Ioh n. 547; n. 611; n. 692-693.

(43),,Ez ist ein vürbrâht wort, daz ist der engel und der mensche und alle crêatûren. Ez ist ein ander wort, bedâht und vürbrâht, dâ bî mac ez komen, daz ich in mich bilde. Noch ist ein ander wort, daz dâ ist unvürbrâht und unbedâht, daz niemer ûzkumet, mêr ez ist êwiclich in dem, der ez sprichet;“: DW I S. 157〔S. 465〕.

(44)該当テキスト箇所の邦訳を付す——「われわれが神を存在においてとらえる時には神をその前庭（vorbürg = Vorhof）においてとらえている。というのは、存在は神がその内部に住むところの前庭だからである。その内で神が聖なるものとして現れる彼の神殿のどこに、一体神はいるのであろうか？　知性（vernünfticheit）が神の神殿である。神は彼の神殿、知性の内においても他、本来どこにも住むことはないのである」（ドイツ語説教 Nr. 9 DW I S. 150〔S. 464〕）。

(45)本論稿の註（17）（19）、及び該当する本文の叙述を参照のこと。

(46)„Nû nemen wirz in der sêle, diu ein tröpfelîn hât vernünfticheit, ein vünkelîn, ein zwîc.“: DW I S. 151 Z. 1-2〔S. 464〕. ――このテキストで‚tröpfelîn‘‚zwîc‘とも特徴づけられるのは、神の純粋な知性的生命からの派生を暗示するものであろう。「霊魂の諸力の分化」という能力論的構図に先行するものであることを示すテキストとして、他に例えばドイツ語説教 Nr. 20a（DW I S. 332-333〔S. 506〕）を参照。

(47)マルティン・ハイデガー（Martin Heidegger）の中期思索圏からの論考„Hegel. 1. Die Negativität. Eine Auseinandersetzung mit Hegel aus dem Ansatz in der Negativität“（1938/ 39）においては、思惟が絶対的思惟へと高まる意識論上の差異化運動の内的エネルギーとしてのヘーゲル的否定性に対し、その否定性の運動がどこから発現するのかという遡及的な問いを通して、「最も根底的なものの剥奪（das Ab-gründigste）」としての存在性起（Seynsereignis）における無化（das Nichten）が問題化される（in: ders., Gesamtausgabe Band 68: Hegel, hrsg. von Ingrid Schüßler, Frankfurt a. M. 1993, S. 3-57, beson. S. 46 ff.）。簡単にエックハルトとの思索上での親近性を論じることはできないが、問われている次元での共鳴は見出せるであろう。

(48)本第一論稿での註（42）で挙示された諸テキスト、及び註が付された本文を参照。

(49)例えば、ドイツ語説教 Nr. 21 »Unus deus et pater omnium etc.« において明確に述べられている――„ein ist ein versagen des versagennes. … . Got ist ein, er ist versagen des versagennes.“: DW I S.

361 Z. 10〔S. 514〕; S. 364 Z. 4〔S. 514〕.

第三節　〈神の子誕生（*generatio*）〉モチーフと〈ことばの本質現成（*wesen*）〉の在り処

（1）「魂の根底における」という表現そのものがエックハルトに固有なオリジナリティーではないにせよ、エックハルトによって「霊魂の火花」等の表現と共に独創的に展開されたことの徹底した研究として――Peter Reiter, Der Seele Grund. Meister Eckhart und die Tradition der Seelenlehre, Würzburg 1993, besonders S. 406 ff. 尚 Kurt Ruh は、ドイツ語説教第四番（Nr. 4）（Omne datum optimum et omne donum perfectum desursum est. Jacobi I°）へのコメントの中で「魂の根底における誕生」の意味を解き明かしている――in: Lectura Eckhardi. Predigten Meister Eckharts von Fachgelehrten gelesen und gedeutet, hrsg. von Georg Steer und Loris Sturlese, Stuttgart/Berlin/Köln 1998, S. 19 f.

（2）Kurt Ruh, Geschichte der abendländischen Mystik, Bd. III: Die Mystik des deutschen Predigerordens und ihre Grundlegung durch die Hochscholastik, München 1996, S. 325.

（3）上田閑照氏のエックハルト研究と解釈については、更に以下を参照――上田閑照集第七巻『マイスター・エックハルト』岩波書店、二〇〇一年、特に第八章、第十章。

（4）ラテン語著作の意義について以下を参照――Ernst von Bracken, Legende und Wirklichkeit. Beiträge zu einem neuen Eckhartbild（Monographien zur philosophischen Forschung, Bd. 85）Meisenheim am Glan 1972, S. 93; 250; 262-263.

（5）„…intentio est auctoris, sicut et in omnibus suis editionibus, ea quae sacra asserit fides christiana et utriusque testamenti scriptura exponere per rationes naturales philosophorum.“

（6）In Ioh n.132; cf. „Praeterea ipsum principiatum, in quantum principiatum, est manifestativum sive verbum manifestans et in se gerens totum principium, in quantum principium est;“: ibid. n. 138.

（7）Cf. „verbum, … ad rationale pertinet, quod proprium est hominis.“: In Ioh n. 10.

（8）テキストの „…sicut ratio et similitudo, in qua et ad quam producitur procedens a producente.“ において、‚in qua‘ と ‚ad quam‘ の二重の存立規定が ‚ratio‘ にして ‚similitudo‘ に対応するものとして解釈できる。‚similitudo‘ としての存立は、ことばが「生み出されたもの（productum）」でもあるという（本性において他なるものではない（non aliud in natura）が、産み出す始原に対して自立する者 alius in persona: In Ioh n.5; n. 16; etc.）としての差異化を表示するものと考える（cf. LW I S. 517, Z. 10-12; S. 518 Z 1-3）。この思考要点は、後述において更に詳論・展開される。

（9）„… verbum, logos sive ratio rerum sic est in ipsis et se tota in singulis, quod nihilominus est se tota extra singlum quodlibet ipsorum, tota intus, tota deforis.“: In Ioh n. 12. ――エックハルトの『創世記註解』においても、「水の上にただよっていた霊」（創世記一章二節）は被造物と混合され得ず、「本質的秩序においてより一層高位にあるすべてのものは、それよりも下位にあるすべてのものの完全に内部にあると同時に完全に外部にある」（In Gen n. 61）と述べられる。

（10）ヨハネ福音書一章三節の解明として、「それ自体（ratio = 根拠）なくしては無が生じた（Sine ipso factum est nihil）」: In Ioh n. 54. とエックハルトは述べる。エックハルトはこの言明に先立つ箇所で、旧約聖書の知恵文書からと共にプラトンの『ティマイオス』から（28A）引用し、

「無はその出現に、正当な原因が先んじることのないものである」と記している。更にIn Ioh n. 56では、ratioであることばは「子の出生」でありすべてはこのratioを通じて生じたことを明らかにする。

(11) In Ioh n. 12; cf. Liber de causis, propositio 19. トマス・アクィナスによるこの命題の註解部分からその思考内容が明らかになる――„…; sed causa prima agit per esse suum, ut probatum est. Unde non agit per aliquam habitudinem vel dispositionem superadditam per quam coaptetur et commisceatur rebus. Et huiusmodi ‚habitudo' vocatur hic continuator vel res media,…“; In librum De causis expositio prop. 20. 密接に関連する『諸原因の書（原因論）』第二四命題に即しての解釈として――In Ioh n. 112; 368.

(12) Vgl. Kurt Flasch, Die Intention Meister Eckharts, in: a.a.O., S. 306: „Es geht um ein In-Sein, das sowohl ganz, ungeteilt innerhalb und außerhalb des Einzelnen ist, das also die Denkregeln durchbricht, die für die Analyse der Denkwelt aufgestellt worden sind. Eckhart hat nachdrücklich gelehrt, das Denken dieses In-Seins fordere den Bruch mit der imaginatio, mit dem vorstellungsgebundenen Denken.“――「内属することなき内-存」という考えは、とりわけ「義（justitia）の義人（justus）への関わり」としても繰り返し述べられ（cf. In Ioh n. 22）、本論稿でも更に究明される（参照――「義と義人についての教えを理解する者は、私が述べるすべてのことを理解する」ドイツ語説教第六番（Nr. 6）（DW I S. 105 Z. 2-〔S. 453〕）。

(13) „Carissimi, in causis essentialibus universaliter, etiam secundo-primis, causa se tota descendit in causatum, ita ut quodlibet sit in quolibet modo quolibet, sicut in De causis dicitur. In causis autem

primordiallibus sive originalibus primo-primis, ubi magis proprie nomen est principii quam causae, principium se toto et cum omnibus suis proprietatibus descendit in principatum …. ut non solum hoc sit in illo, quodlibet in quolibet, sed hoc sit illud, quodlibet quodlibet …“: Sermones II, 1 n. 6（LW IV S. 8 Z. 4-11）. このテキストおよび「本質的原因」を巡っての解釈として以下を参照——Burkhard Mojsisch, Causa essentialis bei Dietrich von Freiberg und Meister Eckhart, in: Kurt Flasch（Hrsg.）, Von Meister Dietrich zu Meister Eckhart, Hamburg 1984, S. 106-114, besonders S.110 f.

（14）„… spiritus dei non tantum est causa rerum sive entium, sed potius est ratio causae, Ioh. 1: ‚in principio erat verbum‘, id est ratio. Unde in divinis non habet locum nomen causae, sed potius nomen rationis.“: In Gen n. 62.

（15）この問題連関でエックハルトにおけるプラトニズムの継承に関して、古い研究であるが以下を参照——Heinz Schlötermann, LOGOS UUD RATIO. Die platonische Kontinuität in der deutschen Philosophie des Meister Eckhart, in: Zeitschrift für philosophische Forschung, Band III, hrsg. von Georgi Schischkoff, Wurzach/ Württ. 1948, S. 219-241, besonders S. 220 f; S. 232-234.

（16）Aristoteles, De Anima Γ 432a 2. エックハルトは「諸形相の形相」の在り処を ‚primus actus formalis‘ であるところの神にのみ固有であるとする（LW II S. 278, Z. 9; S. 412, Z. 1; In Sap n. 213）が、更に神の（霊の）自己遂行であるところの「知恵」にも帰属せしめている（In Sap n. 189）。アリストテレスの「形相の場所」を人間の魂の（前‐能力的な）知性的活動本質との連関で問題化する箇所として——In Gen n. 115（LW I S. 270-271）; 諸理念 rationes の場所としての、始原に於ける純粋知性については、In Ioh n. 192. ——西田幾多郎（一八七〇—一九四五）の中期思索を経て「場所論的思惟」が開顕する〈転換点〉を成す『場所』（一九二六年六月、一九二七年刊行の『働くものから見るものへ』所収の第七論文）にも次の文章がみられ、参照すべきであろう。「形式を何処まで推し進めて行っても、いわゆる形式以上に出ることはできない。真の形式の形式は形式の場所でなければならぬ。アリストテレスの『デ・アニマ』の中にも、アカデミケルに倣うて精神を形相の場所と考えている」（旧全集版第Ⅳ巻、二一三頁）。

(17) „De primo istorum, quod notat li in, praepositio, nota quod dei et divinorum omnium, in quantum divina sunt, est inesse et intimum esse. … De secundo principali, quod notat li principio, patet ex supra dictis; intimum enim et primum uniuscuiusque ratio est. Verbum autem logos sive ratio est.“; In Ioh n. 34; cf. In Ioh n. 33; n. 40. ——この（新プラトン主義的影響要因からの）エックハルトの思考連関をWerner Beierwaltes はエックハルトの『知恵の書註解』における文章（Expositio libri Sapientiae n. 154, LW II S. 490 Z 7 f.）に依拠して（cf. In Ioh n. 562）›Unterschied durch Un-Unterschiedenheit‹として主題化する。ders., in: Identität und Differenz, Frankfurt a. M. 1980, S. 97-104, S. 99 f.

(18) 比較的纏まった包括的叙述としては——Werner Beierwaltes, Platonismus und Idealismus (philosophische Abhandlungen Bd. 40), Frankfurt a.M. 1972, S. 38-67. Beierwaltes は更に後年、エックハルトの諸著作・註解に『諸原因の書（Liber de Causis）』からの引用としては圧倒的に適用の多い命題二〇「第一のものはそれ自体によって豊かである（Primum est dives per se）」とエックハルトの思考連関を明らかにし、本質原因としての第一なるものについての新プラトン主義的由来を解明している——ders, PRIMUM EST DIVES PER SE. Meister Eckhart und der Liber De Causis, in: E. P. Bos and P. A. Meijer（ed.）, On Proclus and his influence in medieval philosophy, Leiden/ New York/ Köln 1992, pp. 141-169.

（19）„...verbum enim ratio est. Ratio ad intellectum pertinet, ...“: In Ioh n. 33.

（20）„In ipso enim intellectu primo utique est ratio proprie; ..., quia semper actu intelligit, et intelligendo gignit rationem.“: In Ioh n. 31 ——ことばが ratio としてはただ純粋な知性活動の自己表明であることをエックハルトは、芸術家（artifex ここでは家造り職人）の精神の内に懐胎された家の形相が家造り職人である限りでの彼の実体（subatantia）を表明することばである、という例をもって示している：In Ioh n. 30.

（21）„... in ipsa solo, utpote primo omnium principio, se toto intellectus est per essentiam, se toto purum intelligere.“: In Ioh n. 34.

（22）„Ipse enim filius dei, verbum in principio, ratio est, ›ars quaedam‹ ›plena omnium rationum viventium incommutabilium, et omnes unum in ea‹, ut ait Augustinus De trinitate 1. VI capitulo ultimo.“: In Ioh n. 13. ——「哲学者たちの自然的諸理拠（rationes naturales）が依って立つ存在するものの諸理念を通して〔聖書に表明される〕単一なる理念である〈ことば〉が解釈され、逆に存在するものの自然本性と諸々の固有性（naturae rerum et ipsarum proprietates）は〔聖書が明かす〕始原根拠である〈ことば〉が厳密に吟味されることによって明らかにされ教示される」（cf. In Ioh n. 2 et 3; n. 13）というエックハルトの根本定律は、これまでの解明によっても確証を得ることになる。

(23) „ … notandum quod ratio dupliciter accipitur: est enim ratio a rebus accepta sive abstracta per intellectum, et haec est rebus posterior, a quibus abstrahitur; est et ratio rebus prior, causa rerum et ratio, quam diffinitio indicat et intellectus accipit in ipsis principiis intrinsecis. Et haec est ratio, de qua nunc est sermo.“: In Ioh n. 29.

(24) „… rationem, quam solum accipit et novit rationale sive intellectivum. Et propter hoc in intellectu non solum effectus suus in ipso est verbum, sed est verbum et ratio, quod utrumque significat logos, ut dictum est.“: In Ioh n. 31. ——理念（idea）としての ratio の存在様式と他の術語（本質的原因 causa essentialis, 範型 exemplar, 照明 illuminatio, etc.）との関係についてのラテン語著作からの詳細な研究としては、以下を参照：Jürgen Eberle, Die Schöpfung in ihren Ursachen. Untersuchung zum Begriff der Idee in den lateinischen Werken Meister Eckharts（Dissertation an der Philosphischen Fakultät der Universität zu Köln）, Köln 1972. Eberle も、時間・空間内の質料的条件に落ち込むことのない知性的生命の遂行と〈理念としてのことば〉の同一性を指摘している（ebd., S. 48-49）。

(25) „Et haec tria notantur, cum dicitur verbum, quod est ratio. Ratio enim non solum habet, sed praehabet et eminentius habet, quia virtute, quod effectus habet formaliter. Iterum et ratio in intellectu est, intelligendo formatur, nihil praeter intelligere est. Iterum etiam coaeva est intellectui, cum sit ipsum intelligere et ipse intellectus.“: In Ioh n. 38; cf. In Ioh n. 45.

(26) In Ioh n. 25; n. 35; cf. n. 82; In Sap n. 143（LW II S. 481）; Sermo LXI 3 n. 511（LW IV S. 425-426）.

(27)„... processio sive productio et emanatio, de quibus loquimur, proprie, primo et maxime locum habet in generatione, quae non est cum motu nec in tempore, sed est finis et terminus motus, substantiam rei et esse respiciens.“: In Ioh n. 8. ——Cf. „ipsa rerum ratio sic est principium, ut causam extra non habeat nec respiciat, sed solam rerum essentiam intra respicit.“: In Gen n. 4（LW II S. 187 Z. 13 f.）; In Sap n. 99（LW II S. 434 Z. 4 ff.）

(28)本節の註（17）を参照のこと。「本質的始原」の意味規定に関しては、In Ioh n. 139; n. 195. を参照。

(29)〈自己活動態〉という用語によって意味表示されるのは、「自らの活動の始原を他なるものである限りでの他なるものに有しているものは、そのものにおいて本来に生命ではない」（In Ioh n. 19; n. 62）のであるのと対極に、その出生自身が始原において「始原からの始原」として絶えず現勢態にあることを示す（cf. In Ioh n. 31）。また「ratio の二重の存立規定」とは、本節でこれまで解明されたように、ratio が〈存在するものすべてに無条件に先立つその始原根拠〉であると共に〈すべての諸理拠を包含する単一な知性的理念である〉ことを指す〔註（22）とその本文を参照〕。

(30)Cf. „...significat originem alicuius viventis a principio vivente coniuncto, et haec proprie dicitur ‚navitas‘.“: Thomas de Aquino, S th I q. 27 a. 2 c; „omnis causa et principium essentiale vivum aliquod est et vita“: In Ioh n. 139.——Gisela von Preradovic, Übellegungen zu Geburt und Generatio bei Meister Eckhart, in: Recherches Germaniques N°5, Strasbourg 1975, S. 3-11 は、Mittelhochdeutsch（中高ドイツ語）の geburt; gebern の通常の適用が「自然の業（opus naturae）」

であるところの「生殖する者の本性からの無媒介で不可避的な流出」であり、その意味使用は決して意志的な創造行為ではない generatio 及び動詞形 generare の包括的で多様に使用できる意味と一致していることを示した上で、効果ある実りをそれ自体の内に内含する‚Zu-Ende-Tragen' 及び‚Austragen' という根本意義を宿しているとする（完了形化された前綴り ge- に即して）。更に generatio の原理が、時間内には表象化され得ない瞬間的な「魂における神の geburt」へとエックハルトにおいて適用される際の教父的伝統からの背景も同時に示唆している（besoders S. 8 ff.）。

(31) In Ioh n. 5-6; cf. n. 35. ——ディートリッヒ（Dietrich von Freiberg, 1240/ 60-1318/ 20）の能動知性論においても、能動知性は神の imago が直接無媒介に成立している唯一の在り処であり、（作用因的な差異化に基づく類比関係そのものに無条件に先立つ）「形相的-知性的流出」による実体的同形相性（conformitas substantialis）／共実体性（consubstantialitas）を有する自己活動態として「神との合一化」の遂行原理であると既に明瞭に主張されている。Dietrich von Freiberg, Tractatus Magistri Thedorici De visione beatifica, 1.1.1.1. (3); 1.2.1.1.7 (2); Tractatus De intellectu et intelligibili Magistri Theodorici, II 32 (3). 後続の数字（例えば 1.1.1 (2) など）は Opera omnia に従う（Dietrich von Freiberg, Opera omnia, Tomus 1: Schriften zur Intellekttheorie, mit einer Einleitung von Kurt Flasch, hrsg. von Burkhard Mojsisch, Hamburg 1977）。

(32) In Ioh n. 9-11; n. 30.

(33) In Ioh n. 14-22.

(34) In Ioh n. 30; cf. „...imago depicta in mente pictoris est ars ipsa, qua pictor est principium imaginis

depictae. Et hoc est quod hic dicitur: deus erat verbum, principium scilicet sive causa effectus,": In Ioh n. 37.

（35）„... posunt exponi de omni opere naturae et artis.": In Ioh n. 36.

（36）In Ioh n. 36-37; cf. In Ioh n. 66.

（37）In Ioh n. 41. ボエティウスの『哲学の慰め』からの神的なものについての次の引用がこのコンテキストでなされているのは、極めて適切である―― „quem non externae pepulerunt fingere causae materiae fluitantis opus, vero insita summi forma boni.": Boetius, De consolatione philosophiae III, 1, m. ix.

（38）本節の註（8）を参照。

（39）„Iustus enim solam iustitiam significat, ut supra dictum est. Quare autem sit verbum, docemur, cum sequitur: *hoc erat in principio apud deum*. Finis enim universaliter est id ipsum quod principium. Non habet quare, sed ipsum est quare omnium et omnibus, Apoc. 1: 'ego sum principium et finis'. Et similiter se habet de omni principio et principiato in arte et natura, plus tamen et minus, secundum quod aliquid est verius principium alio." : In Ioh n. 50; cf. In Ioh n. 8; n. 31; n. 226; n. 256.「始原（principium）と目的（finis）の同一性」に関するエックハルトの始原論解釈としては――Erwin Waldschütz, Denken und Erfahrung des Grundes. Zur philosophischen Deutung Meister Eckharts, Wien/ Freiburg/ Basel 1989, S. 264 ff.

（40）„... iustitia habet in se ipsa exemplar, quod est similitodo sive ratio, in qua et ad quam format et informat sive vestit omnem et omne iustum.": In Ioh n. 15; cf. In Ioh n. 119.

（41）In Ioh n. 15; cf. n. 19; n. 50; n. 93; n. 169-172; Sermo XXXV n. 361（LW IV S. 311 Z. 5 f.）.

（42）„... iustus procedens et genitus a iustitia, hoc ipso ab illa distinguitur. Nihil enim se ipsum gignere potest.“: In Ioh n. 16; cf. In Ioh n. 135.

（43）„... iustus ut sic est in ipsa iustitia. Quomodo enim iustus esset, si extra iustitiam esset, divisus a iustitia foris staret?“: In Ioh n. 14; cf. In Ioh n. 18.

（44）„iustitia pariendo iustum sive iustificando non desinit esse iustitia, nec desinit esse principium et ratio iusti.“: In Ioh n. 17; „... imago est in suo exemplari. Nam ibi accipit totum suum esse. Et e converso exemplar, in quantum exemplar est, in sua imagine est, eo quod imago in se habeat totum esse illius,“: In Ioh n. 24; cf. In Ioh n. 50.

（45）「知性の固有性は、自らの対象、つまり知性認識され得るものを、それ自体において……ではなく、それ自らの始原において把握することである」（In Ioh n. 9; cf. n. 18; n. 20; n. 568）。認識の始原と存在の始原との同一性において、「知性認識の遂行は認識されるものの始原の内部へと突き進む」という還帰構造については――In Ioh n. 643; cf. n. 574; n. 619; n. 644. 新プラトン主義の思考要因である「完全な自己還帰（reditio completa in se ipsum）」の〈遂行原理〉であり〈場（……に於いて）〉でもあるところの、純粋な知性活動に（存在の全現実の）始原根拠 ratio としての内在性を見出すエックハルトの思惟の様相は、本論稿本節末部及び第五節をも参照。

（46）Cf. „... quin immo in quolibet actu iustitiae sive operatione est imago et expressio trinitatis.“: In Sap n. 64（LW II S. 392 Z. 13-S. 393 Z. 1）; In Sap n. 67（LW II S. 395 Z. 1-4）.

(47) In Ioh n. 19; „iustus in ipsa iustitia, principio suo, hoc ipso quod est ingenitus, »principium sine principio«, vita, lux est.“: In Ioh n. 20; cf. „Est enim iustitia ingenita et iustitia genita unum simpliciter in natura et neutraliter,“: In Sap n. 64（LW II S. 393 Z. 6）. ――従って、始原そのものにおける一性が限定された立場（„Iustus … secundum se, secundum id quod est in se ipso,“）からは、「始原におけることば（出生＝生命・光）」を主題化できない（In Ioh n. 22）。

(48) エックハルトは、この説教の表題である『知恵の書』からの引用が「一般に義なる（正しい）人間について語っているのでも、義なる（正しい）天使について語っているのでもなく、ただ単に義である者と述べている」ことに注意を促している（DW II S. 258）。

(49) ドイツ語説教第三十九番（Nr. 39）（DW II S. 258 Z. 5-S. 259 Z. 1）; cf. In Ioh n. 46.

(50) ドイツ語説教第三十九番（Nr. 39）（DW II S. 253 Z. 5-S. 255 Z. 4）; cf. „Notandum ... quod ait iusti sine additamento quolibet aut subiecto, homine scilicet aut huiusmodi, sed formaliter iusti. Est enim super hominem, sed etiam super omnem creaturam, divinum ‚soli deo‘ forma conformari et transformari in ipsum, secundum ipsum et ab ipso.“: In Sap n.64（LW IV S. 392 Z. 5-8）; In Ioh n. 196-197.

(51) „In dem gerehten ensol kein dinc würken dan aleine got“: ドイツ語説教第三十九番（Nr. 39）（DW II S. 259 Z. 4）; cf. „Iustus enim id quod est se toto ab ipsa, per ipsam et in ipsa iustitia est,“: Serrmo XXXV n. 361（LW IV S. 311 Z. 5 f.）.

(52) ドイツ語説教第三十九番（Nr. 39）（DW II S. 257 Z. 3 ff.）. Cf. „,... iustus est proles et filius iustitiae. Filius enim est et dicitur eo quod fit alius in persona, non aliud in natura, Ioh.10: ‚ego et

pater unum sumus.“: In Ioh n.16; In Ioh n. 187-192; n. 196. 義の自己表明としての「子」であることに留まるところからの義人の成立が、「神の至福と人間の至福の本質的同一性」を説くエックハルトの思索連関へと敷衍されることについて――Udo Kern, „Gottes Sein ist mein Leben“. Philosophische Brocken bei Meister Eckhart, Berlin/ New York 2003, S. 212 ff., beson. S. 224 ff.

（53）„… sô muoz dich got inwendic anerüeren in dem innigesten der sêle.“: ドイツ語説教第三十九番（Nr. 39）（DW II S. 259 Z. 7）.

（54）Daz Bouch der goetlîchen Trœstunge »Liber Benedictus«（DW V S. 258 f.）.

（55）Cf. In Ioh n.11; n.20; n. 64-67; n. 83; n. 89; n.139; n. 191.

（56）„Omnem enim actionem et in omnibus, sive in natura sive in arte, in essendo et cognoscendo, praecedit necessario generatio filii.“: In Ioh n. 56.

（57）„Und swenne ich spriche ›daz innigeste‹, sô meine ich daz hœhste, und swenne ich spriche ›daz hœhste‹, sô meine ich daz innigeste der sêle. In dem innigesten und in dem hœhsten der sêle, dâ meine ich sie beide in einem.“: ドイツ語説教第三十番（Nr. 30）（DW II S. 95）; cf. ドイツ語説教第二十三番（Nr. 23）（DW I S. 398 Z. 5）; ドイツ語説教第七十二番（Nr. 72）（DW III S. 251 Z. 8-S. 251 Z. 1）; ドイツ語説教第八十三番（Nr. 83）（DW III S. 437 Z. 4 f.）; Predigt L X X XIx, in: F. Pfeiffer（Hrsg.）, Meister Eckhart, 4. unveränderte Auflage Göttingen 1924, S. 253 f.

（58）ドイツ語説教第十番（Nr. 10）（DW I S. 173 Z. 7-8）.

（59）„Der einige sun der sêle daz ist der wille und sint alle die krefte der sêle; sie sint alle ein in dem innersten der vernüfticheit. Vernünfticheit daz ist der man in der sêle.“: ドイツ語説教第十八番

（Nr. 18）（DW I S. 304 Z. 6 f）; cf. ドイツ語説教第七番（Nr. 7）（DW I S. 123 Z. 6-7）; ドイツ語説教第四十二番（Nr. 42）（DW II S. 306 Z. 6 f.）; ドイツ語説教第五十二番（Nr. 52）（DW II S. 496 Z. 3-5）. エックハルトにおける知性（intellectus）という語の用法が魂の能力としての適用と能力の派生に先立つ非被造的知性そのものとして魂の其底的本質について述べられる二重性を有することについて――Hans Hof, Scintilla animae. Eine Studie zu einem Grundbegriff in Meister Eckharts Philosophie mit besonderer Berücksichtigung des Verhältnisses der Eckhartschen Philosophie zur neuplatonischen und thomistischen Anschauung, Lund/ Bonn 1952, S. 196-202.

（60）„Und ist diz lieht bekantnisse, daz dâ vliuzet von der vernünfticheit, und ist rehte als ein ûzvluz und ein ûzbruch oder ein stârm gegen dem, daz vernünfticheit in ir selber ist in irm wesene.“: ドイツ語説教第七十三番（Nr. 73）（DW III S. 261 Z. 17-20）.

（61）In Ioh n. 141; cf. In Ioh n. 63-64.

（62）„Daz ist inne, das dâ wonet in dem grunde der sêle, im innersten der sêle, in vernünfticheit und engât niht ûz und ensihet niht ûf kein dinc.〔Dâ sint alle krefte der sêle glîch edel;〕“: ドイツ語説教第十番（Nr. 10）（DW I S. 173 Z. 10-12）.

（63）Cf. „..., es kum von siner ainualtikait; wan ie luter ainualtiger der mentsch sin selbes in im selber ist, ie ainualteklicher er alle manigualtikait in im selber verstat vnd belibt vuwandelber in im selber.“: ドイツ語説教第十五番（Nr. 15）（DW I S. 250 Z. 13-15）.

（64）„Omnis enim cognitio rerum est per sua principia et in suis principiis; et quousque resolvatur in sua principia, semper obscura, tenebrosa et opaca est, quia cum formidine partis alterius.“: In Ioh n.

20.

(65) „... und mit dirre kraft würket diu sêle in unwesene und volget gote, der in unwesene würket.“: ドイツ語説教第九番（Nr. 9）（DW I S.151 Z. 11-12）.

(66) ドイツ語説教第十五番（Nr. 15）（DW I S. 253 Z. 5-6）; ドイツ語説教第二十二番（Nr. 22）（DW I S. 380 Z. 5-S. 381 Z. 2）; ドイツ語説教第五番b（Nr. 5b）（DW I S. 90 Z. 8）; ドイツ語説教第六十七番（Nr. 67）（DW III S. 133-135）. エックハルトの最も特徴的なこの思想についての詳細な究明については以下を参照――Peter Reiter, Der Seele Grund. Meister Eckhart und die Tradition der Seelenlehre, Würzburg 1993, S. 320 f.; S. 415 ff.

(67) ドイツ語説教第四十三番（Nr. 43）（DW II S. 325-S. 326 Z. 1）.

(68) ドイツ語説教第十番（Nr. 10）（DW I S. 173 Z. 8-9）; ドイツ語説教第六十七番（Nr. 67）（DW III S. 129 Z. 5-6）.

(69) Cf. ドイツ語説教第六十九番（Nr. 69）（DW III S. 174 Z. 5-S. 176 Z. 2）.

(70) „...; dar umbe got in dem grunde der sêle mit aller sîner gotheit“: ドイツ語説教第十番（Nr. 10）（DW I S. 162 Z. 5-6）; cf. ドイツ語説教第三十番（Nr. 30）（DW II S. 95）.

(71) ドイツ語説教第三十八番（Nr. 38）（DW II S. 230 Z. 4-S. 231 Z. 6）; ドイツ語説教第六番（Nr. 6）（DW I S. 109 Z. 2-S. 110 Z. 7）; ドイツ語説教第五番b（Nr. 5b）（DW I S. 90 Z. 6-9）.

(72) ドイツ語説教第六番（Nr. 6）（DW I S. 112 Z. 1 f.）; cf. In Ioh n. 31; n. 585.

(73) Cf. „..., quia principium denominat suum principiatum, non e converso. 〔...〕. Dicitur enim medium illuminatum a lumine sive luce, sed lux non dicitur Illuminata nec participans lumine.“: In

Ioh n. 74. ――但し、突破（Durchbruch）から見れば、時間性における自己把握からの脱去であり、分有関係における類比性の乗り越え（超脱）に他ならない。参照――ドイツ語説教第五十二番（Nr. 52）（DW II S. 504 Z. 4-S. 505 Z. 6）; ドイツ語説教第二九番（Nr. 29）（DW II S. 76 Z. 2-S. 77 Z. 4）.

（74）In Gen n. 4.（LW I S. 187-188）.

（75）In Gen n. 10-12（LW I S. 193-195）; cf. In Sap n. 5（LW II S. 326 Z. 7-S. 327 Z. 2）.

（76）In Gen n. 20（LW I S. 201）. ――本節註（25）とその本文を参照（In Ioh n. 38）。

（77）In Ioh n. 57; cf. In Ioh n. 24; n. 41. ――更に、本節の註（37）（38）の当該本文を参照。

（78）„Ratio enim sive verbum rerum universitati praeest intellectu principiante,“: In Ioh n. 562; cf. In Ioh n. 34.

（79）„... verbum, filius in divinis quattuor habet proprietates: Prima, quod est intimum,“: In Ioh n. 33.

（80）„*lux in tenebris lucet*, quia principium universaliter in se ipso lateabsconditum, sed in principiato lucet et manifestatur, utpote in suo verbo.“: In Ioh n. 75; cf. n. 195.

（81）„【iustus in ipsa iustitia,】 principio suo, hoc ipso quod est ingenitus, »principium sine principio« ‚vita, lux est. Unumquodque enim lux est et lucet in suis principiis. Omnis enim cognitio rerum est per sua principia et in suis principiis; et quousque resolvatur in sua principia, semper obscura tenebrosa et opaca est,‘“: In Ioh n. 20.

（82）本節の註（66）とその本文及び註（71）とその本文とを参照。ここで「前-超越論的」とは、知の営みの超越論的制約から見てその制約・条件となる構造が生起し成立する上での先行基盤であることを示唆する。但し通常は、〈思惟と認識の営みが超越論性において成立する〉という洞察・考えが一定の歴史的条件を背景として有するか否かという論議との区別において用いられている。

(83) „Ratio est, quia principium et principiatum unum sunt: deus erat verbum. Praeterea ipsum principiatum, in quantum principiatum, est manifestativum sive verbum manifestans et in se gerens totum principium, in quantum principium est;“: In Ioh n. 138.

(84) この文脈との連関で、エックハルトにおける知性的理念（ことば）の再帰性と完全なる自己還帰（reditio complete in se ipsum）の理解について以下を参照――Heribert Fischer, Meister Eckhart. Einführung in sein philosophisches Denken, Freiburg/ München 1974, S. 97 ff.

(85) „*In principio erat verbum*. Notandum quod res omnes universi non erant ‘ante constitutionem mundi’ nihil, sed esse quoddam virtuale habebant, sicut notavi super illo: ‘vidit deus lucem quod esset bona’, Gen. 1².“: In Ioh n. 45.

(86) Cf. „Ipse enim filius dei, *verbum in principio*, ratio est, »ars quaedam« »plena omnium rationum viventium incommutabilium, et omnes unum in ea«, ut ait Augustinus De trinitate 1. IV capitulo ultimo.“: In Ioh n. 13.

(87) In Gen n. 65（LW I S. 230）.

(88) In Gen n. 68（LW I S. 232）; cf. In Gen n. 64（LW I S. 229）; n. 67（LW I S. 231）; In Ioh n.73; n. 81; n. 83; etc.

(89) In Gen n. 68（LW I S. 232）; n. 78（LW I S. 240）; cf. „Propter hoc Ioh.1 dicitur:, in ipso vita erat.

Vita enim quandam dicit exseritionem, qua res in se ipsa intumescens se profundit primo in se toto, quodlibet sui in quodlibet sui, antequam effundat et ebulliat extra.“: In Exodi n.16（LW II S. 22）.

（90）„... ante mundi constitutionem, *erat verbum*, id est effectus in sua causa primordiali, essentiali et originali.“: In Ioh n. 45; cf. In Ioh n. 31.

（91）„Et tale agens, principium scilicet in quo est logos, ratio, est agens essentiale nobiliori modo praehabens suum effectum, et habens causalitatem super totam speciem sui effectus.“: In Ioh n. 31——この点から、受肉と創造がそれ自体非完結的な〈被造性へと現れ出る〉理念的働き（である「神の子の誕生」）における等根源性を有することが理解可能になる。

第四節　〈神その者からのことば性格〉へ向けての究明

（1）Cf. In Ioh n. 1; In Gen n. 275（LW I S. 412）.

（2）„... dei et divinorum omnium, in quantum divina sunt, est inesse et intimum esse.“: In Ioh n. 34.

（3）Quaestiones Parisiensis 1. Utrum in Deo sit idem esse et intelligere（LW V S. 40 Z. 7-11）.

（4）„Ich hân ez ouch mê gesprochen: gotes ûzganc ist sîn înganc.“: ドイツ説教第五十三番（Nr. 53）（DW II S. 530 Z. 3-4〔S.732〕）.

（5）ドイツ語説教第四十九番（Nr. 49）（DW II S. 433 Z. 5-S. 435 Z. 8〔S. 715-716〕）.

（6）ドイツ語説教 Nr. 53（DW II S. 529 Z. 6〔S. 732〕）.

（7）同説教（DW II S. 530 Z. 1〔S. 732〕）。参照——ドイツ語説教第六番（Nr. 6）（DW I S. 114 Z. 2-5〔S. 455〕）.

(8) Cf. „Secundum hoc ergo notandum quod res omnis universaliter hoc ipso quod producta est in esse, necesse est ab alio quodam producti in esse, et quanto plus procedit ad extra, tanto plus sapit alietatis et diversitatis. Propter quod in divinis primus processus minimum habet alietatis, diversitatis nihil. 〔...〕. Hinc est ergo quod in divinis in prima productione procedens non est aliud neutraliter, quod naturam, speciem et substantiam respicit, sed est alius masculine, quod solum originem et generationem significat, ubi utrumque principium, mas et femina, activum et passivum, sub eadem specie stant et natura.“: In Ioh n.133; n. 161-162; n. 656.

(9) voluntas enim patris ut pater naturaliter est generare et habere filium, ...“: In Ioh n. 117; cf. In Ioh n. 641.

(10) この解釈のために参照した研究として――Erwin Waldschütz, Denken und Erfahrung des Grundes. Zur philosophischen Deutung Meister Eckharts, Wien/ Freiburg/ Basel 1989, S. 172 f.

(11) In Ioh n. 469. 神性に内在的な出生とその息吹にのみ固有な意味で「流出（emanatio）」という概念表示が（外在化を伴う factio 及び creatio との本質的差異において）適うことについては、Shizuteru Ueda, Die Gottesgeburt in der Seele und der Durchbruch zur Gottheit. Die mystische Anthropologie M. Eckharts und ihre Konfrontation mit der Mystik des Zen-Buddhismus, Gütersloh 1965, S. 52 f.: „... die emanatio ist eine naturhafte（non voluntate, sed natura sive naturaliter）productio, wobei ein Wesen etwas von sich（a se-was den Urheber des Hervorbringens anbelangt）, aus sich selbst（de se ipso-was den Stoff des Hervorgebrachten betrifft）und in sich selbst（in se ipso-was den Ort des Hervorgebrachten betrifft）hervorbringt, indem es die bloße

Natur der Form nach ergießt (naturam nudam formaliter profundens).“

(12) „... repetitio, quod bis ait: sum qui sum, puritaten affirmationis excluso omni negativo ab ipso deo indicat; rursus ipsius esse quandam in se ipsum et super se ipsum reflexivam conversionem et in se ipso mansionem sive fixionem; adhuc autem quandam bullitionem sive parturitionem sui 〔...〕, lux in luce et in lucem se toto se totum penetrans et se toto super se totum conversum et reflexum undique.“: In Expositio libri Exodi n. 16 (LW II S. 21 Z. 7-S. 22 Z. 1).

(13) In Ioh n. 83; cf. In Ioh n. 20; ドイツ語説教第四十六番 (Nr. 46) (DW II S. 382 Z. 5-10 〔S. 707-708〕).

(14) „Negatio vero negationis purissima et plenissima est affirmatio:“: In libri Exodi n. 74 (LW II S. 77 Z. 11-12).

(15) Prologus in opus propositionum n. 6 (LW I S. 169 Z. 6-8).

(16) ラテン中世における二重否定の問題構制がアリストテレスの『形而上学』における「一」の「差異化されない非分割」からの発展であること、またトマスが否定性を「存在者における肯定的述定の、悟性による論理的操作を通しての欠如態 (privatio) 化」として論理的に存在するもの (ens rationis) へ還元できるものとするのに対し、エックハルトにおいては存在者そのものにおける即自的な存在論的規定として否定性が考えられていることについての概念史的展望を与える叙述として――Klaus Hedwig, Negatio Negationis. Problemgeschichtliche Aspekte einer Denkstruktur, in: Archiev für Begriffsgeschichte Bd. XXIV Heft 1, Bonn 1980, S. 7-33 (direkt in bezug auf Thomas, Eckhart und Cusanus: S.10-13) を参照。Negatio Negationis が超越論的完全性として、エックハルト（及び Heinrich von Gent）においては悟性的概念性を脱去した「神性である存在（esse）」に専有の述定コンテキストを切り開いていることについては――Wouter Goris, Einheit als Prinzip und Ziel. Versuch über die Einheitsmetaphysik des Opus Tripartitum Meister Eckharts, Leiden/ New York/ Köln 1997, S. 205 f.

（17）In Ioh n. 556.

（18）„Alle crêatûren hânt ein versagen an in selben; einiu versaget, daz si diu ander niht ensî.“: ドイツ語説教第二十一番（Nr. 21）（DW I S. 363 Z. 5-6〔S. 514〕）; cf. „omne citra deum, utpote citra esse, est ens et non ens, et negatur sibi aliquod esse cum sit sub esse et citra esse, et ideo ipsi congruit negatio.“: In libri Exodi n. 74（LW II S. 77 Z. 6）; In Ioh n. 611 ――ここからエックハルトの「すべて被造的存在者はそれ自体においては無である」（In Ioh n. 20; 97; 512; In Sap n. 34〔LW II S. 354 Z. 11〕; Prologus in opus propositionum n. 4〔LW I S. 107〕; ドイツ語説教第五番a（Nr. 5a）〔DW I S. 80 Z. 12〕; ドイツ語説教第二十九番（Nr. 29）〔DW II S. 88 Z. 7-8〕; Sermo XXXVII n. 375〔LW IV S. 321 Z. 1〕; etc.）という主張の基礎が洞察される。被造的存在者がそれ自体固有の存在を有することなく、存在（esse）そのものである神の絶えざる創造（creatio continua）の行為に与かる限りでの存立とされる思考連関は、像（bilde）–鏡像（Spiegelbild）–類似（smilitodo）の端的な存在論的依存性からも解明される。

（19）In Ioh n. 207.

（20）Sermones et Lectiones super Ecclesiastici n. 60（LW II S. 289 Z. 5）; In libri Exodi n.74（LW II S. 78 Z. 1-8）; In Ioh n. 208; In Ioh n. 692.

（21）本論稿第三節の註（12）とその本文を参照。

（22）,,Nihil ergo entitatis universaliter negari potest ipsi enti sive ipsi esse. Propter hoc de ipso ente, deo, nihil negari potest nisi negatio 〈ne〉 negationis omnis esse. Hinc est quod unum, utpote negationis negatio, immediatissime se habet ad ens“: Prologus in opus propositionum n. 15（LW I S. 175 Z. 12-15）; cf. In Sap n. 148（LW II S. 485 Z. 9-S. 486 Z. 11）.

（23）ドイツ語説教第二十一番（Nr. 21）DW I S. 363 Z. 7-S. 364 Z. 1〔S. 514〕; cf. In Sap n. 147（LW II S. 485 Z. 6 f.）.

（24）Cf. Prologus in opus propositionum n. 6（LW I S. 169 Z. 6-9）; Sermo XXXVII: Unus deus et pater omnium, n. 377（LW IV S. 323 Z. 2-4）. Heribert Fischer は、神性の超越論的一性を negatio negationis として規定することが言語形式上（: ut modus significandi）否定性の運動であっても、それによって表示されるところの内容（: id quod significatur）は純粋な肯定であることを強調して次のように述べる――,,Durch Negation wird nichts in Wahrheit ausgesagt, die Negation setzt nichts, sie wird in der Bejahung gesetzt und gehalten, anders als die Negation der Negation（LW II S. 289, Z. 3-6）. Das transzendentale Eine ist der Sprache nach zwar Verneinung, der Sache nach aber im Bezeichneten reine Bejahung, eben als Negation der Negation. Diese Weise zu reden ist am geeignetsten, wenn es sich um den Bereich des Göttlichen handelt, wo weniger gesagt, aber mehr bezeichnet wird（LW II S. 293, 1-5）.“: ders., Meister Eckhart. Einführung in sein philosophisches Denken, Freiburg/ München 1974, S. 122-123.

（25）本論稿第三節の註（77）及びその本文を参照。

（26）本論稿第二節の註（35）（36）（37）及びその本文を参照。

（27）DW II S. 529 Z. 3-S. 531 Z. 4〔S. 732〕.

（28）参照——「それ故、人は魂を最も純粋なもの及び最も混じり気のないものをもって名づけるが、それにもかかわらず、これによって魂の根底までには触れていない。名前のない神——神は如何なる名前も有さない——は言い表せないものであり、根底における魂も、神が言い表せないのと同様に言い表せないのである。」（ドイツ語説教第十七番（Nr. 17）: DW I S. 284 Z. 2-6〔S. 496〕）「『始原において』。それによって私たちが理解できるのは、私たちは父が永遠の秘匿性の隠された暗闇から永遠に生んだ唯一の子であり、あらゆる混じり気のない純粋性の充満である第一の純粋性の始まりの内に留まっている、ということである。ここでは私は、〔……〕言い表されることなく内在していたのである」（ドイツ語説教第二十二番（Nr. 22）: DW I S. 382 Z. 3-8〔S. 518〕）。

第五節　言語の根源的な思弁性（Spekulativität）とエックハルトの像（Bild）論との関連点へ向けて

（1）Hans-Georg Gadamer, Wahrheit und Methode. Grundzüge einer philosophischen Hermeneutik (1960), 4. Auflage, Tübingen 1975, S. 382; 419; 423; 426.

（2）Ebd., S. 450f. cf. ebd., S. XXII f. (in: Vorwort).

（3）Ebd., S. 380-382; 417 f.; 424 ff.; 437.

（4）Ebd., S. 385; 366 ——言語の遂行論的な媒体性を敷衍する立場として、更に Karl-Otto Apel,

Sprache als Thema und Medium der transzendentalen Reflexion, in: ders., Transformation der Philosophie Bd. II : Das Apriori der Kommunikationsgemeinschaft, Frankfurt a. M. 1973, S. 311-329.

(5) Ebd., S. 433.

(6) Ebd., cf. S. 450-452.

(7) Ebd., S. 434 f.

(8) Ebd., S. 441; 449 f.

(9) Ebd., S. 438-439; 441.

(10) Ebd. S. 443-444.

(11) „In einem ganz anderen Sinne nämlich hat die Sprache etwas Spekulatives — nicht nur in jenem von Hegel gemeinten Sinne der instinkthaften Vorbildung logischer Reflexionsverhältnisse, sondern als Vollzug von Sinn, als Geschehen der Rede, der Verständigung, des Verstehens. Spekulativ ist ein solcher Vollzug, sofern die endlichen Möglichkeiten des Wortes dem gemeinten Sinn wie einer Richtung ins Unendliche zugeordnet sind.“: Ebd. S. 444; vgl. S. 441.

(12) „Das eigentliche Mysterium der Spiegerung ist eben die Ungreifbarkeit des Bildes, das Schwebende der reinen Wiedergabe.“: Ebd., S. 441.

(13) „Schon im alltäglichen Vollzug des Sprechens wird derart ein Wesenszug der spekulativen Spiegelung sichtbar: die Ungreifbarkeit dessen, was doch die reinste Wiedergabe des Sinnes ist.“: ebd., S. 445.

(14)但し上述されたように理解された言語の鏡像的-思弁的構造は、存在現実に対する詩的言語の問題連関へと集約されることになる：ebd., S. 445-446.

(15)但し（本節（第五節）の最初の部分で述べたように）、ここでエックハルトの像論そのものを主題的かつ全体的に探求し、考察内容として叙述にもたらすことは企図しない。エックハルトにおける言語理解と像論の連関の組織的究明は、独立したテーマとして今後改めて取り上げられるべき大きな課題である。本論の叙述において参考にしたエックハルトの像論の研究としては、Alois Maria Haas, Meister Eckhart. Mystische Bildlehre, in: ders., Sermo mysticus. Studien zu Theologie und Sprache der deutschen Mystik, Freiburg Schweiz 1979, S. 209-237.; Mauritius Wilde, Das neue Bild. Bild und Theologie bei Meister Eckhart, Universitätsverlag Freiburg/Schweiz 2000.

(16)„... : ein bilde, als ez ein bilde ist, des ez ein bilde ist, daz enkan nieman gesundern“: ドイツ語説教第四十三番（Nr. 43）（DW II S. 329 Z. 2-3）; „Got ist gebildet nâch im selben und hât sîn bilde von im selben und von niemanne mê. Sîn bilde ist, daz er sich durchkennt und al ein lieht ist.“: ドイツ語説教第三十二番（Nr. 32）（DW II S. 135 Z. 7-S. 136 Z. 1〔S. 661〕）cf. ドイツ語説教第十六番B（Nr. 16B）（DW I S. 265 Z. 4 ff.〔S. 492〕）. ——›Imago‹の成立基準を語る重要なテキストとしては：In Sap n.143（LW II S. 480-481）; Sermo XLIX, 2 n. 511（LW IV S. 425-426）; In Ioh n. 23-26.

(17)„Unum autem per se principiat et dat esse et principium est intra. Et propter hoc proprie non producit simile, sed unum et idem se ipsum“: In Ioh n. 342 ——更に、ドイツ語説教第二十一番

（Nr. 21）（DW I S. 368 Z. 6-8）を参照。

(18) Cf. In Ioh n. 31

(19) 本論稿第三節の註（22）（77）（78）とその本文を参照。

(20) In Ioh n. 5; 17; 362; 557; 562; Sermo XLIX, 3 n. 512（LW IV S. 427）.

(21) In Sap n. 143（LW II S. 481）; cf. „formalis transfusiva totius essentiae purae nudae“: Sermo XLIX, 2 n. 511（LW IV S. 425）; „...ac si imagineris rem ex se ipsa et in se ipsa intumescere et bullire ... quid producit a se et de se ipso et in se ipso naturam nudam formaliter profundens ...“: Sermo XLIX, 3 n. 511（LW IV S. 426）.

(22) „Aber daz hât got im aleine behalten, swâ er sich inne erbildet, daz er dâ sîne natûre und allez, daz er ist und geleisten mac, zemâle dar inne erbildet obe dem willen;“: ドイツ語説教第十六番b（Nr. 16b）（DW I S. 266 Z. 5〔S. 492〕）; „... daz götlîche bilde brichet ûz der vruhtbaerkeit der natûre âne mittel.“: 同説教（DW I S. 267 Z. 8〔S. 493〕）――本論稿第四節註（5）とその本文を参照。エックハルトにおいて「ことば・子としての神の像性」が厳密に考え抜かれている脈絡では、実体的存在者における鏡（Spiegelbild）化をモデルにすることの相対性も明白になる。cf. ドイツ語説教第十六番b（Nr. 16b）（DW I S. 268 Z. 8-14）。

(23) 例えば以下のテキストを参照――„... sô der mensche ie mê und ie klærlîcher gotes bilde in im entblœzende ist, sô got ie klærlîcher in im geborn wirt. Und alsô ist diu geberunge gotes alle zît ze nemenne nâch dem, daz der vater daz bilde blôz endecket und in im liuhtende ist. .... Von der entblœzunge des bildes in dem menschen sô ist sich der mensche gote glîchende, wan mit dem bilde

ist der mensche gotes bilde glîch, daz got blôz nâch der wesunge ist.“: ドイツ語説教第四十番（Nr. 40）（DW II S. 276 Z. 3-S. 277 Z. 1〔S. 688〕）; ドイツ語説教第六番（Nr. 6）（DW I S. 109 Z. 2-S. 110 Z. 2〔S. 454〕）.

（24）In Gen n. 115（LW I S. 270 Z. 9-10）; cf. Sermo XXIX n. 304（LW IV S. 270）; In Ioh n. 549.

（25）Sermo XLIX, 1 n. 506（LW IV S. 422 Z. 10-11）; cf. Sermo XLIX, 2 n. 510（LW IV S. 425）; Liber parabolarum Genesis n. 138（LW I S. 604 Z. 3 f.）.

（26）„Daz vünkelîn der vernünfticheit, daz ist daz houbet in der sêle, daz heizet der ›man‹ der sêle und ist als vil als ein vünkelîn götlîcher natûre, ein götlich lieht, ein zein und ein îngedrücket bilde götlîcher natûre.“: ドイツ語説教第三十七番（Nr. 37）（DW II S. 211 Z. 1-3〔S. 676〕）; cf. „dô got geschuof alle crêatûren, und hæte dô got niht vor geborn etwaz, daz ungeschaffen wære, daz in im getragen hæte bilde aller crêatûren: daz ist der vunke —〔...〕— diz vünkelîn ist gote alsô sippe, daz ez ist ein einic ein ungescheiden und daz bilde in im treget aller crêatûren, bilde sunder bilde und bilde über bilde.“: ドイツ語説教第二十二番（Nr. 22）（DW I S. 380 Z. 5-S. 381 Z. 2〔S. 518〕）; „Gott aber bedarf（überhaupt）keines Bildes noch hat er irgendein Bild: Gott wirkt in der Seele ohne jedes ›Mittel‹, Bild oder Gleichnis, fürwahr, in ihrem Grunde, in den nie ein Bild hineinkam, sondern nur er selbst mit seinem eigenen Sein.“: Josef Quint（Hrsg. u. Übers.）, Meister Eckhart. Deutsche Predigten und Traktate, München 1955[5], 1985, S. 418 Z. 17-21.

（27）„Diu sêle hât etwaz in ir, ein vünkelîn der redelicheit, daz niemer erlischet, und in diz vünkelîn sezet man daz bilde der sêle als in daz oberste teil des gemüetes; “: ドイツ語説教第七十六番（Nr. 76）

（DW III S. 315 Z. 6-7〔S. 562〕）; cf. ドイツ語説教第十六番ｂ（Nr. 16b）（DW I S. 268 Z. 3-4〔S. 493〕）; Sermo XLIX, 1 n. 507（LW IV S. 422 Z. 12-13）.

（28）In: Josef Quint（Hrsg. u. Übers.）, Meister Eckhart. Deutsche Predigten und Traktate, München 1955[6], 1985, S. 415 ff.〔Predigt 57 ›Dum medium silentium tenerent omnia et nox in suo cursu melium iter haberet etc.（Sap. 18. 14）‹〕

（29）„Wie（aber）gebiert der Vater seinen Sohn in der Seele? Wie es die Kreaturen tun in Bildern und in Gleichnissen? Traun, nein! Vielmehr ganz in der Weise, wie er in der Ewigkeit gebiert, nicht minder und nicht mehr. ... Gott der Vater hat eine vollkommene Einsicht in sich selbst und ein abgründiges volles Erkennen seiner selbst durch sich selbst, nicht ein irgendein Bild.“: ebd., S. 418 Z. 22-28.

（30）Cf. „Götlich wesen enist niht glîch, in im enist noch bilde noch forme.“: ドイツ語説教第六番（Nr. 6）（DW I S. 107 Z. 6〔S. 454〕）

（31）Cf. „swer iht bekennet von ûzerlîchen dingen, dâ muoz etwaz învallen, ze dem minsten ein îndruk. Sô ich ein bilde wil nemen bî einem dinge, als von einem steine, sô ziuhe ich daz allergröbeste in mich; daz ziuhe ich ûzwendic abe. Als ez aber in mîner sêle grunde ist, dâ ist ez an dem hœhsten und an dem edelsten; dâ enist ez niht wan ein bilde.“: ドイツ語説教第七十一番（Nr. 71）（DW III S. 225 Z. 6-10〔S. 546〕）――ラテン語著作では、ratio, exemplar, imago, forma といった用語が（原）像の存在論的領域に対してのみ用いられて、phantasma, species は十三世紀スコラ学の認識形而上学上の用語であることが区別されるのに対し、エックハルトのドイツ語著作ではこれ

ら諸概念は bilde の一語によって表示される。

(32) „... species sive imago, qua res videtur et cognoscitur.“: In Ioh n. 194.

(33) Ibid.

(34) Cf. Franz Pfeiffer (Hrsg.), Meister Eckhart, 4. unveränderte Auflage, Göttingen 1924, S. 144 Z. 18 ff.

(35) Cf. In Ioh n. 20; 72; 73; 75.

(36) „Got ist in allen dingen weselich, würkelich, gewalteclich. Aber er ist alleine geberende in der sêle, wan alle crêatûre sint ein fuoztapfe gotes, aber diu sêle ist natiurlich nâch gote gebildet. Diz bilde muoz gezieret unde vollebrâht werden mit dirre gebürte. Diss werkes noch dirre gebürte enist dekein crêatûre enpfenclich denne diu sêle alleine. ... Des enwerdent die crêatûre niht enpfenclich, in den daz bilde gotes niht enist, wan der sêle bilde behœrent sunderlîchen zuo dise êwige geburt, diu eigenlîche unde sunderlîche in der sêle geschiht, diu geborn eirt von dem vater in dem grunde und in dem indewendigesten der sêle, dâ nie bilde în gelûhte noch nie kraft în geluoge.“: Franz Pfeiffer (Hrsg.), a.a.O., S. 11 Z. 6-10; 21-26.

(37) „... sô stât abgescheidenheit ledic aller crêatûren.“: DW V S. 401 Z. 7〔S.539〕——ドイツ語の Traktat ›Von abegescheidenheit‹ はこのテーマを更に展開する：„Dâ von scheidet abe diu bilde und einiget iuch mit formelôsem wesene, wan gotes geistlîcher trôst ist zar.“ DW V S. 431 Z. 4-6; cf. Daz buoch der goetlîchen troestunge (DW V S. 21 Z. 16-18); In Ioh n. 83; ドイツ語説教第五番 b (Nr. 5b) (DW I S. 92 Z. 9-S. 93 Z. 3); ドイツ語説教第三十九番 (Nr. 39) (DW II S. 253 Z. 5-S. 254 Z.

3); F. Pfeiffer (Hrsg.), a.a.O., S. 189 Z. 20; etc.

(38) „Nota conformitatem hominis in gratia et distinctionem simul ad deum, sicut imago et ad imaginem.“: Sermo XXV, 1 n. 257 (LW IV S. 234 Z. 11-S.235 Z. 1)

(39) „Ipse unigenitus, a solo patre scilicet, nos geniti quidem, sed non ab uno patre. Ipse ergo per generationem, quae est ad esse, ad speciem et naturam, et propter hoc est filius naturalis, nos vero per regenerationem, quae est ad conformitatem naturae.“: In Ioh n. 123.

(40) „Swenne diu sêle tritet in daz bilde, dâ niht vremdes enist dan daz bilde, nit dem ez ein bilde ist, daz ist ein guot lêre. Swenne man gesetzet ist in daz bilde, dâ man gote glîch ist, dâ nimet man got, dâ vindet man got. Swâ iht ûzzerteilet ist, dâ envindet man got niht.“: ドイツ語説教第四十四番（Nr. 44)(DW II S. 341 Z. 1-4〔S. 700〕).

(41) „Diu sêle sol widerbildet sîn und îngedrücket in daz bilde und widerslagen in daz bilde, daz gotes sun ist. Diu sêle ist gebildet nâch gote; ...: der sun ist ein bilde gotes obe bilde; er ist ein bilde sîner verborgenen gotheit. Dâ der sun ein bilde gotes ist und dâ der sun îngebildet ist, dár nâch ist diu sêle gebildet. In dem selben, dâ der sun nimet, dâ nimet ouch diu sêle. Dannoch, dâ der sun ûzvliezende ist von dem vater, dâ enbehanget diu sêle niht: si ist obe bilde.“: ドイツ語説教第七十二番（Nr. 72)(DW III S. 244 Z. 1-S. 245 Z. 5) ≒ F. Pfeiffer (Hrsg.), a.a.O., S. 315 Z. 32 ff.; その他――ドイツ語説教第二十三番（Nr. 23)(DW I S. 397 Z. 3-5〔S. 521〕); ドイツ語説教第四十番（Nr. 40)(DW II S. 276 Z. 3-6〔S. 688〕); ドイツ語説教第四十三番（Nr. 43)(DW II S. 329 Z. 3-7〔S. 699〕); ドイツ語説教第七十番（Nr. 70)(DW III S. 197 Z. 4-S. 198 Z. 2〔S. 542〕); ドイツ語説

教第七十六番（Nr. 76）（DW III S. 323 Z. 2-S. 324 Z. 4〔S. 564〕）; ドイツ語説教第八十三番（Nr. 83）（DW III S. 447 Z. 12-S. 448 Z. 4〔S. 586〕）; etc.

（42）„... aber diu sêle ist natiurlich nâch gote gebildet. Diz bilde muoz geziert unde vollebrâht werden nit dirre gebürte.“: F. Pfeiffer（Hrsg.）, a.a.O., S. 11 Z. 8-9; vgl. Alois M. Haas, Meister Eckhart. Mystische Bildlehre, in: ders., a.a.O., S. 232-236.

（43）Traktat 2: Die rede der underscheidunge 6（DW V S. 208 Z. 12）

（44）Traktat 1-II: Von dem edlen Menschen（DW V S. 112 Z. 21）; „Non enim est imaginandum falso quasi alio filio sive imagine Christus sit filius dei, et alio quodam homo iustus et deiformis sit filius dei. Ait enim : »transformamur in eandem imaginem«.“: In Ioh n. 119（LW III S. 104 Z. 6-8）.

（45）Traktat 1: Daz buoch der götlîchen trœstunge（DW V S. 11 Z. 10-14）; cf. ebd.（DW V S. 32 Z. 8 ff.）.『ヨハネ福音書註解』では、「一として生まれた独り子」（In Ioh n. 193-194）「最も内奥にある一なるものから生まれた者」（In Ioh n. 504; n. 567）といった表現において意味思念されている（更に、cf. Ioh n. 187-189.）。

（46）それ故、子の像なのではなく、「始原なき始原〔：自己始原性 Selbstursprünglichkeit としての父なる神〕」からの「始原の始原〔：等始原性 Gleichursprünglichkeit〕——中性的に始原に於ける出生としての〈始原からの始原〉」（In Ioh n. 359; n. 656; cf. n. 133; n. 161; n. 195）——」である子の同等性（cf. In Ioh n. 362-363）が魂の知性的活動本質において生起することを述べている。一なる神との同等性における「神の像」へ向かう超-像性が恩寵（gratia）によることについては——In Ioh n. 575; cf. n. 155.

(47) In Ioh n. 342.

(48)『ヨハネ福音書註解』における次の箇所を参照――「それ故に、光は媒体に付着しているわけではなく、媒体は光の相続人になるわけではなく、媒体を光るものは照らし出すという自らの働きの相続人にするわけではない。光るものは確かに媒体そのものにいわば光を貸し与えるのであり、……しかしその光るものは、媒体そのものにその光を基礎となるもの・付着するもの即ち受動的な性質の様態において与えるのではなく、つまりその光るものがなくても光が留まり付着し能動的に照り出るような仕方で光を与えるのではない」(„Propter quod non haeret lux in medio nec fit heres luminis, nec corpus luminiosum facit medium heredem suae actionis, quae est luminare. Communicat quidem ipsi medio quasi mutuo ..., non autem communicat ipsi medio lumen suum per modum radicati et haerentis passibilis qualitatis, ut scilicet lux maneat et haereat et illuminet active, absente corpore luminoso.“: In Ioh n. 70); cf. In Ioh n. 72; ドイツ語説教第八十三番(Nr. 83)(DW III S. 448 Z. 1-3〔S. 586〕).

(49) Cf. In Gen n. 300 (LW I S. 435-436).

第六節 「霧の只中の明けの明星のように……」

(1) „'Als ein morgensterne miten in dem nebel'. Ich meine daz wörtelîn 'quasi' ,daz heizet 'als', ...“: DW I S. 154 Z. 7-8〔S. 465〕.

(2) エックハルトは当時の民衆ドイツ語(Volkssprache)における語分類の通常の把握様式に依拠している。この点を巡っての論議について以下を参照―― Siegbert Peetz, Diskussionsbericht

zum 2. Tag: Philosophisch- theologische Positionen und Voraussetzungen der mittelalterlichen Mystik, in: Abendländische Mystik im Mittelalter. Symposion Kloster Engelberg 1984, hrsg. von Kurt Ruh, Stuttgart 1986, S. 228.

（3）DW I S. 158 Z. 8-9〔S. 466〕.

（4）近年の優れた研究として——Susanne Köbele, BÎWORT SÎN. Absolute Grammatik bei Meister Eckhart, in: Zeitschrift für deutsche Philologie, 113. Band, 1994, Sonderheft: Mystik, hrsg. von Christoph Cormeau, Berlin 1994, S. 190-206. 以下の簡潔な論述は、この研究の内での哲学的-神学的含蓄の部分を大いに参考にした。

（5）„... bîwort. Diz ist, daz ich in allen mînen predigen meine.“: DW I S. 154 Z. 8-9〔S. 465〕.

（6）従ってエックハルトの意図は、二重の名称が意義理論的に（bedeutungstheoretisch）は同一の対象であることの（言語論理学における）指示理論（Referenztheorie）のための単なる古典的範例を示すために、明星（金星 vênus）の名称を問題としているのではない。むしろ、自然事象の内に形而上学的に究明されるべき根本事態を看て取れることを示す点に存する。

（7）DW I S. 155 Z. 7-8〔S. 465〕.

（8）DW I S. 155 Z. 12-S. 156 Z. 6〔S.465〕.

（9）DW I S. 156 Z. 6-7〔S. 465〕.

（10）この文節が位置するコンテキスト全体を引用すると、次のようになる：„Daz aller eigentlicheste, daz man von gote gesprechen mac, daz ist wort und wârheit. Got nante sich selber ein wort. Sant *Johannes* sprach: 〉in dem anvange was daz wort〈, und meinet, daz man bî dem worte sî ein bîwort.“（DW I S. 154 Z. 9-S. 155 Z. 3〔S. 465〕）。この引用コンテキストだけからは、「真理（wârheit）」とは正に〈wort と bîwort の生ける統一〉と解釈できようが、ここでその問題連関を更に問う展開を敷衍する余地は全くない。

（11）DW I S. 156 Z. 9-S. 157 Z. 2〔S. 465〕.

（12）この解釈テーゼを展開する上で、ここで以下の補説を付しておく――〈一性形而上学 Einheitsmetaphysik〉とは、一性（unitas）をそれ自体無制約な始原原理（Urprinzip）として、「より先なる（prius）」原理である一性からの「より後なる（posterius）」制約された多性への下降的展開（explicatio）において多様な存在者（ens）の場である世界現実全体（universum）の成立を理解可能にする組織的思考である。それは通常、〈存在形而上学 Seinsmetaphysik〉とは区別された形而上学的思惟様式として、哲学史の内部で固有な伝統を織り成していると考えられる。アリストテレス的及びトミズムの伝統においては基本的な存在形而上学は、感覚的経験に媒介された存在するもの（ens）における現出を思考の起点として、「われわれにとって（quoad nos）最後のもの・究極的なるもの」である存在それ自体（ipsum esse）へと遡ってゆく道に伴う知の段階的・発展的自己形成を基礎とする。これに対し、一性形而上学の構想は、端的に洞察可能な「絶対的に一なるもの」の理解を基点とする「原理から発出した諸相（principiata）」への自己展開（無媒介に成り立つ原理的理解から差異性の場への分化）を組織法とする【cf. Josef Koch, Augustinischer und Dionysischer Neuplatonismus und das Mittelalter, in: Kant-Studien 48, 1956/ 57, S. 117-133, besonders S. 120 und 132 f.】。ところがこの一性形而上学的構想にとって、始原原理的一性は、存在論的にも（ontologisch）認識の本性に即した省察においても（gnoseologisch）「端的に第一のもの」であるとしても、この一性の卓越（superexaltatum）と充溢（plenitudo）が再び翻って「洗練された存在理解」を彫琢することになる。即ち、一性形而上学と存在形而上学の二者択一といった対立図式は、エックハルトの許での形而上学的思惟の内部動向を厳密に査定する上では単に仮構でしかない【cf. Vgl. Karl Albert, Meister Eckhart und die Philosophie des Mittelalters（Betrachtungen zur Geschichte der Philosophie, Teil II）, Dettelbach 1999, S. 166-167; 185-186; 193. K. Albert はエックハルトの超越論的規定（Transzendentalienlehre）を詳細に分析・検討することによって（ebd. 150-185）この結論に至っているが、更に一性（unitas）の形而上学が純粋な知性認識活動（intelligere）への関係において厳密化されるコンテキストを解釈してゆく（ebd. S. 198 ff.)】。それ故、「エックハルトの形而上学において優位を占めるのは一性形而上学である」というテーゼ化が、（上述した規定上で）存在の形而上学を一方的に排斥する思想方向をもって主張されるならば、支持できない【cf. Herbert Wackerzapp, Der Einfluss Meister Eckharts auf die ersten philosophischen Schriften des Nikolaus von Kues（Beiträge zur Geschichte der Philosophie und Theologie des Mittelalters, hrsg. von Josef Koch）, Aschendorff Münster 1962, S. 46-47; S. 56.】。むしろ、一性形而上学と存在形而上学の関わりを媒介する〈精神形而上学 Geistmetaphysik 展開の端緒〉が思惟そのものの成立根拠の開顕と共に隠れた主要動因となっていると言えるのではなかろうか——それは即ち、多様な存在者（ens）への関与から精神なるものが存在者の秩序を基盤とする自己形成（精神の現実態性への形相化 formatio）を通して自らの形而上学的本性への超出を見出す「（アリストテレス受容を通してのトミズムの許での）有限な認識の形而上学」を経由する精神理解【cf. 拙著 Selbstbezüglichkeit und Habitus. Die latente Idee der Geistmetaphysik bei Thomas von Aquin, München 1997, S. 297 ff; S. 319 f; S. 331 ff.】からの乖離を意味する。エックハルトに始まりニコラウス・クザーヌスへと継承されてゆくドイツ神秘思想の系譜的発展にとって、〈精神形而上学との統合へと自らを展開せしめる一性形而上学〉という根本動向が、新プラトン主義的構想の自覚的刷新の契機において決定的であると言える【cf. Josef Stallmach, Ineinsfall der Gegensätze und Weisheit des Nichtwissens. Grundzüge der Philosophie des Nikolaus von Kues, Aschendorff Münster 1989, S. 99 ff., besonders S. 100-101.】。その際、精神の根源的自己理解が成り立つ在り処は、始原的一性との統一の内での本質現成に於けるものとして究思される。この本質現成からの疎隔・脱離であるところの「多性（=存在するもの ens における無性として、単に否定的なるもの negativum）への分散」、及び一性の許で本質現成するものの充溢への「上昇的還帰」（否定の否定 negatio negationis）としてエックハルトの〈存在（esse）についての言明〉の諸コンテキストも理解可能になると考えられる。

（13）本論稿第二節註（37）の本文以下の箇所を参照。

（14）„... ein ander wort, daz dâ ist unvürbrâht und unbedâht, daz niemer ûzkumet, mêr ez ist êwiclich in dem, der ez sprichet; ez ist iemermê in einem enpfâhenne in dem vater, der ez sprichet, und inneblîbende.“; DW I S. 157 Z. 4-8〔S. 465〕.

（15）Cf. In Ioh n. 9; n. 568.

（16）„Vernünfticheit ist allez înwert würkende. Ie kleinlîcher und ie geistlîcher daz dinc ist, ie krefticlîcher ez înwert würket, und ie diu vernunft kręftiger und kleinlîcher ist, ie daz, daz si bekennet, mêr dâ mite vereinet wirt und mêr ein mit ir wirt.“: DW I S. 157 Z. 8-S. 158 Z. 3〔S. 465-466〕.

(17) Vgl. Burkhard Mojsisch, Dynamik der Vernunft bei Dietrich von Freiberg und Meister Eckhart, in: Kurt Ruh（Hrsg.）, Abendländische Mystik im Mittelalter. Symposion Kloster Engelberg 1984, Stuttgart 1986, S. 135-144. ここでは、S. 140 及び特に註（50）の以下の部分を参照――„Diese Denkstruktur läßt sich den Gedanken der Pr.9 DW I, 157, 3-158, 7, entnehmen.〔...〕; bei Gott（Vater）soll die Seele ein Beiwort sein, d.h. soll Gottes Sohn oder ihr eigener Grund sein und mit Gott（Vater）ein Werk wirken, soll also als Sohn in den Vater zurückgekehrt sein und als diese prinzipiierende Vernunft sich als prinzipiierte Vernunft, sich als intellectus purus de intellectu puro（vgl. Proc. Col. II art. 8; Théry, S. 215）, wirken.“（S. 144）

(18) DW I S. 158 Z. 6〔S. 466〕; cf. ドイツ語説教第三十九番（Nr. 39）（DW II S. 262 Z. 2 f.〔S. 685〕）.

(19) ドイツ語説教第六番（Nr. 6）（DW I S. 109 Z. 8-11〔S. 454〕）.

(20) 同ドイツ語説教 Nr. 6（DW I S. 110 Z. 6-7〔S. 454〕）; cf. ドイツ語説教第三十九番（Nr. 39）（DW II S. 264 Z. 1 f.〔S. 686〕）.

(21) „Der mensche, ... der sol ... bi dem worte sîn ein bîwort.“; ドイツ語説教第九番（Nr. 9）（DW I S. 156 Z. 9; S. 157 Z. 1-2〔S. 4 65〕）; „Dâ sol diu sêle sîn ein bîwort ...“; 同説教（DW I S. 158 Z. 5〔S. 466〕）.

(22) このエックハルト解釈の敷衍に基づく思索は、前掲の Susanne Köbele 女史の論文の第一部の内の数頁（in: a.a.O., S. 197-198）を参考としている。Köbele は更にエックハルトのラテン語諸著作の中で、(1) 文法上のカテゴリーとしての副詞（adverbium）もしくは「のように（quasi）」の〈霊魂と神の関係規定〉へと関連づけられた解釈と、(2) キリスト論的な「ことばの神学」上の言明（: verbum ad deum）がどのような一致点と共に差異化を示すのかを丹念に探求し、中世の思弁的文法（grammatica speculativa）がエックハルトの思惟を通して独自の形而上学的-神学的機能へと連携した言語の境位を可能にしていることを論じている（in: a.a.O., S. 201-206）。Bîwort はこのような連関における、逆説を孕んだ移行現象でもあるのである。

(23) ドイツ語説教第九番（Nr. 9）（DW I S. 150 Z. 1-4).

(24) 同説教（DW I S. 151 Z. 11-12).

(25) 同説教（DW I S. 153 Z. 4-5).

(26) 同説教（DW I S. 151 Z. 1-2).

(27) In Ioh n. 5-6; cf. n. 35. ——ディートリッヒ（Dietrich von Freiberg 1240/ 60-1318/ 20）の能動知性論においても、能動知性は神の imago が直接無媒介に成立している唯一の在り処であり、（作用因的な差異化に基づく類比関係に先立つ）「形相的-知性的流出」による実体的同形相性（conformitas substantialis）を有する自己活動態として「神との合一化」の遂行原理である、と既に明瞭に主張されている：Dietrich von Freiberg, Tractatus Magistri Theodorici De visione beatifica, 1.1.1.1. (3); 1.2.1.1.7 (2); Tractatus De intellectu et intelligibili Magistri Theodorici, II 32 (3).【後続の数字（例えば 1.1.1 (2) など）は、Dietrich von Freiberg, Opera omnia, Tomus 1: Schriften zur Intellekttheorie mit einer Einleitung von Kurt Flasch, hrg. von Burkhard Mojsisch, Hamburg 1977 に従う。】

（28）エックハルトは、「始原なき始原〔：自己始原性 Selbstursprünglichkeit としての父なる神〕」からの「始原の始原〔：等始原性 Gleichursprünglichkeit〕——中性的に始原に於ける出生としての〈始原からの始原〉」（In Ioh n. 359; n. 656; cf. n. 133; n. 161; n. 195）——である子」の同等性（cf. In Ioh n. 362-363）が魂の知性活動本質において生起することを述べている。

（29）„Got in sîn selbes bekantnisse bekennet sich selben in im selben.“：ドイツ語説教第九番（Nr. 9）（DW I S. 150 Z. 7）.

（30）In Expositio libri Exodi n. 16（LW II S. 21 Z. 7-S. 22 Z. 1）; cf. Sermo XLIX n. 510（LW IV S. 425）; In Ioh n. 207; n. 55.

（31）Burkhard Hasebrink, Formen inzitativer Rede bei Meister Eckhart. Untersuchungen zur literarischen Konzeption der deutschen Predigt（Texte und Textgeschichte 32）, Tübingen 1982, S. 58 においてこの問題は提起され、そこではメタファーとして性格付ける方向で議論がなされている。

（32）Susanne Köbele, in: a. a. O., S. 199.

（33）„Der Mensch spricht nur, indem er der Sprache entspricht. Die Sprache spricht.“: Martin Heidegger, Die Sprache（1950）, in: Martin Heidegger, Unterwegs zur Sprache（Gesamtausgabe Bd. 12, Frankfurt a.M. 1985）, S. 30.

(1)(1) »Opus propositionum« (2) »Opus quaestionum« (3) »Opus expositionum« の三つの部門での探求において、‚esse et ens, et eius oppositum, quod est nihil‘（Prologus in opus propositionum n.1）についての言明連関が他の一般術語（termini generales）と共にその中心点を成す――(1') „Esse est Deus“ (2') „Utrum deus sit“ (3') „In principio creavit deus caelum et terram“。三つの部門に即応する三様の言明様式の内、命題・提題（propositio）は esse を初めとする一般術語についての主語–述語関係からなる単純言明（判断）の形式を有し、問題（quaestio）はそれら一般術語を学的探求の圏域へともたらし、註解（expositio）は同じそれらの一般術語を神の啓示に基づく事柄からの聖書的コンテキストの内部で考察する、という構成連関を示している。

(2) Kurt Flasch, Die Intention Meister Eckharts, in: Sprache und Begriff. Festschrift für Bruno Liebrucks, hrsg. von H. Röttges, B. Scheer und J. Simon, Meisenheim am Glan 1974, S. 292-318 以来、エックハルトの（説教や論考および聖書註解全体を含めての）思惟活動の根本志向が問い正され、キリスト教信仰内容を思惟の関与領域とする中世形而上学が「信仰者たちにとってのみの解明・解説なのではなく、すべての人間にとって証明可能な教説であることが問題である」（ebd., S. 297; 302）といった帰結が導出される。但しその際、「キリスト教信仰内容は理性根拠によって解意されるべきで、その解意されるべき内容はすべての哲学的（自然理性的）知の総体として証明されて然るべきである」（ebd., S. 295）とする Flasch の敷衍された解釈には議論の余地が残されていないわけではなかろう。

第一節 „Esse est Deus“と定式化される根本命題の形而上学的基礎

(3)Prologus generalis in opus tripartitum n. 12-13 (LW I S. 156 Z. 15-S. 159 Z. 6).

(4)エックハルトの諸テキストに散見される――Prologus generalis in opus tripartitum n. 17 (LW I S. 162 Z. 2); ebd., n. 19 (LW I S. 163 Z. 10); In Exod n. 158 (LW II S. 140 Z. 6); In Ioh. n. 96 (LW III S. 83 Z. 11-12); Sermo XXIII (LW IV S. 206 Z. 9 f.); etc.

(5)Ebd., n. 12 (LW I S. 156 Z. 15-S. 157 Z. 4): „Patet haec propositio primo, quia si esse est aliud ab ipso deo, dues nec est nec dues est. Quomodo enim est aut aliquid est, a quo esse aliud, alienum et distinctum est? Aut si est deus, alio utique est, cum esse sit aliud ab ipso. Deus igitur et esse idem, aut deus ab alio habet esse. Et sic non ipse dues, ut praemissum est, sed aliud ab ipso, prius ipso, est et est sibi causa, ut sit.“

(6)Ebd. (S. 157 Z. 5-6): „omne quod est per esse et ab esse habet, quod sit sive quod est. Igitur si esse est aliud a deo, res ab alio habet esse quam a deo.“

(7)Ebd. (S. 157 Z. 7-10): „ante esse est nihil. Propter quod conferens esse creat et creator est. Creare quippe est dare esse ex nihilo. Constat autem quod omnia habent esse ab ipso esse, sicut omnia sunt alba ab albedine. Igitur si esse est aliud a deo, creator erit aliud quam dues.“――この『三部作への全般的序文』では、その聖書註解の著作(opus expositionum)全体の最初の句「初めに神は、天と地を創造した」(創世記一・一)の解明は、提題・命題集(opus proposionum)にと

っての上記の第一の根本テーゼが含蓄する内容の展開としてなされることが呈示される（ebd. n. 14ff.）。ここでも、存在分与の形而上学と聖書的創造論との連関が明確化される（ebd. n. 16）。

（8）Prologus in opus propositionum n. 1（LW I S. 166 Z. 1-4）: „*Esse deus est*. Incipit pars prima tripartiti operis, scilicet propositionum, cuius primus tractatus est de esse et de ente et de eius opposito, quod est nihil. Ad evidentiam igitur dicendorum in hoc tractatu et pluribus sequentibus quaedam prooemialiter sunt praenotanda.“——エックハルトはこの序文の結びの部分（: recapitulatio）でも（ebd., n. 25: LW I S. 182 Z. 7-8）同じ文章定式を反復して„His ergo ad evidentiam dicendorum praemissis incipiamus et dicamus: Esse est deus etc.“と述べて、序文全体が第一の根本命題から展開へ向けての前もっての注記であることを確認している。

（9）Ebd., n. 2（LW I S. 166 Z. 5-10）. アリストテレスに基礎をもつとされる典拠は、Aristoteles, De praedicamentis §5, 3b19.

（10）Ebd., n. 3（LW I S. 166 Z. 12-S. 167 Z. 2）: „aliter sentiendum est de ente et aliter de ente hoc et hoc. Similiter autem de esse absolute et simpliciter nullo addito, et aliter de esse huius et huius. Similiter etiam de aliis, puta de bono absolute et aliter de bono hoc et hoc aut de bono huius et bono huic.“; cf. ebd., n. 8（LW I S. 170 Z. 10-13）.

（11）存在（esse）のこの二重の意義用法について述べる諸テキストとして：In Gen n. 77（LW I S. 238 Z. 2 f.）; Prologus in opus propositionum n. 21（LW I S. 178 Z. 12 f.）. エックハルトにおいて、このように「二重の存在（duplex esse）」の語りが可能なのは、被造的存在者を視点とすることによってであり、端的に存在そのものに関してではないことに注意せねばならない（即ち、存在がそれ自体として二重であることは不可能であり、それは〔後述されるように〕端的にそれ自身のみが固有に存在そのものである神の一性に矛盾することになる）。cf. In Sap n. 146 (LW II S. 484 Z. 6 f.).

(12) Processus Coloniensis I（hrsg. von G. Théry）n. 116: „Distinguendum tamen de esse formaliter inherente et de esse absoluto.“

(13) Ebd., n. 117: „〔...〕,cum dicitur: esse est deus, dicendum quod hoc verum est, de esse absoluto, non de esse formaliter inherente.“

(14) ここでの第一次的な確定は然るに、以下の留保及び更なる問題への展開を内包していることに留意すべきであろう――(1) エックハルトにおいては、不定詞形の esse と現在分詞形の ens との間に如何なる概念上の分化も存し得ないという帰結ゆえに、esse と ens 双方に関して共に異なった言明形式が同時に生じるのみである（――基盤命題 „Esse est Deus“ における esse は、端的に絶対的な用法）。但しその際、Prologus generalis in opus tripartitum が主題とする一般術語（terminus generalis）としての esse そのものとしては、言明形式における意味分化（差異化）に先立つものと考えられねばならない。(2) „Esse est Deus“ と定式化される言明は、それ自体完結せる言語的形態における「神に同一化される存在についての存在論的言明」として、この「神」の自己表明の形式（'Ego sum qui sum'）との根本相関を通して、存在 esse の根底的な肯定が神を唯一の在り処としていることを言明の内部構造として内容的に呈示する。われわれは、この理解の展開を本論稿の第二節・第三節において究明する。言語的言明の可能性一般についての省察は、正にこの「存在の根本肯定」の成り立ちにその出発点をとらざるを得ないのである。

(15) Prologus in opus propositionum n. 3 (LW I S. 167 Z. 2-8): „Cum igitur dico aliquid esse, aut unum, verum, seu bonum praedico, et in praedicato cadunt tamquam secundum adiacens praemissa quattuor et formaliter accipiuntur et substantive. Cum vero dico aliquid esse hoc, puta lapidem, et esse unum lapidem, verum lapidem aut bonum hoc, scilicet lapidem, praemissa quattuor accipiuntur ut tertium adiacens propositionis nec sunt praedicata, sed copula vel adiacens praedicati.“

(16) In Exod n. 15 (LW II S. 21 Z. 1-4): „Secundo notandum quod li *sum* est hic praedicatum propositionis, cum ait: *ego sum*, et est secundum adiacens. Quod quotiens fit, purum esse et nudum esse significat in subiecto et de subiecto et ipsum esse subiectum, id est essentiam subiecti, idem scilicet essentiam et esse, quod soli deo convenit, 〔...〕.“

In Ioh. n. 377 (LW III S. 321 Z. 4-14): „Secundo notandum est quod haec tria *spiritus est deus* tripliciter possunt ordinari et exponi. Primo, ut li *spiritus* sit subiectum, li *deus* sit praedicatum, li *est* sit copula praedicati cum subiecto, sicut hic habet littera, et est sensus: omne quod spiritus est proprie est deus. Secundo sic ordinatur verba e converse, ut li *deus* sit subiectum, li *spiritus* sit praedicatum, li *est* sit copula sicut, et prius, et est sensus: deus est spiritus, ut si diceremus: deus est bonus, secundum illud Luc 18: ‘nemo bunus nisi solus deus’. Tertio sic possunt ordinari verba, ut li *spiritus deus* sit subiectum, et li *est* sit secundum adiacens et praedicatum, non copula praedicati, et sensus : spiritus, qui deus, ipse est, secundum illud Exodi 3: ‘qui est misit me’, et ibidem spiritus ipse deus ait: 'ego sum qui sum'. Cetera vero omnia eius comparatione non sunt: 'et sine ipso est nihil' Ioh 1.“ ――この『ヨハネ福音書註解』からの箇所で第三の解読法は、「神であるところの霊、そのものは存在する」と読むのであって、その場合'est'は secundum adiacens としての述語となる。更に、Processus Coloniensis I n. 123; In Sap n. 20（LW II S. 341 Z. 11-S. 342, Z.1）を参照。

(17) Karl Albert, Meister Eckharts These vom Sein. Untersuchungen zur Metaphysik des Opus tripartitum, Kastellaun 1976, S. 56 f.; jetzt in: ders., Meister Eckhart und die Philosophie des Mittelalters (Betrachtungen zur Geschichte der Philosophie II), Dettelbach 1999, S. 79 f.

(18) In Sap. n. 110 (LW II S. 446 Z. 1-4): „Omne enim quod cadit in numero, hoc ipso cadit extra rationem honesti, et e converse omne quod est honestum, cadit extra rationem numeri et est innumerabile. Et hoc est quod hic dicitur: innumerabilis honestas.“

(19) Ebd. (LW II S. 446 Z. 13-S. 447 Z. 1): „〔...〕 li unum accipitur formaliter et substantive neutraliter.“

(20) Karl Albert, a. a. O., S. 57; jetzt in: a. a .O., S. 81.

(21) 十三世紀スコラ学における「形相的対象」についての詳細な研究として：S. Adamczyk, De objecto formali intellectus nostri, Rom 1965（Analecta Gregoriana vol. II S. B. n. 1）を参照。トマスにおける学問論的文脈では更に――S. Neumann, Gegenstand und Methode der theoretischen Wissenschaften nach Thomas von Aquin aufgrund der Expositio super librum Boetii De Trinitate (Beiträge zur Geschichte der Philosophie und Theologie des Mittelalters Bd. XLI Heft 2), Münster

1965を参照。

(22) Prologus in opus propositionum n. 4 (LW I S. 167 Z. 9-10): „Notandum ergo prooemialiter primo quod solus deus proprie est ens, unum, verum et bonum.“

(23) Ebd., n. 5 (LW I S. 168 Z. 6-7): „〔...〕 quod solus deus ens proprie est, patet Exodi 3: ‘ego sum qui sum’; ‘qui est misit me’ et Iob: ‘tu, qui solus es’.“

第三節　聖書的啓示の哲学的解明による、Esse理解の彫琢

(24) Ebd.——前出の註（23）の引用箇所を参照。

(25) Ebd., „Item Damascenus primum nomen dei dicit »esse quod est«.“ (cf. Johannes Damascenus, De fide orthodoxa I, c. 9, PG 94, 836.)

(26) Ebd., „Ad hoc facit quod Parmenides et Mellissus, I Phisicorum, ponebant tantum unum ens;“ (cf. Aristoteles, Physica A, c. 2 184b15; c. 5 188a19 f.).

(27) Ebd., „ens autem hoc et hoc ponebant plura, puta ignem et terram et huiusmodi, sicut testator Avicenna in libro suo Physicorum, quem Sufficientiam vocat. Ad hoc rursus facit Deut. 6 et Gal. 3: ‘deus unus est’. Et sic iam patet veritas propositionis praemissae, qua dicitur: esse est dues. Propter quod qaerenti de deo: quid aut quid est? respondetur: esse, Exodi 3: ‘sum qui sum’ et ‘qui est’, ut prius.“

(28) Prologus in opus propositionum n. 6 (LW I S. 169 Z. 3-5): „Rursus eodem modo se habet de uno, scilicet quod solus deus proprie aut unum aut unus est, Deut. 6: ‘deus unus est’. Ad hoc facit quod

Proclus et Liber de causis frequenter nomine unius aut unitatis deum exprimunt." —（cf. Proclus, Elementatio theologica, propositio 113 et 114, Liber de causis, propositio 4; 10; 17; 20; 32）.

（29）エックハルトは、要点の反復（recapitulatio）の箇所で、この論点を改めて強調している：Prologus in opus propositionum n. 25（LW I S. 181 Z. 6-9）: „Secundum est quod aliter loquendum est de ente, aliter de ente hoc aut hoc, et sic de aliis, puta uno et vero et bono. Propter quod ens tantum unum est et deus est; ens autem hoc aut hoc plura sunt. Et sic de uno, vero, bono, ut supra dictum est."; cf. Sermo XXIX（LW IV S. 263-270）›Deus unus est, ad Gal. 3 et Deut. 6‹.

（30）この解釈方向を軸とする、エックハルトに特徴的な一性形而上学の組織的展開の研究として——Wouter Goris, Einheit als Prinzip und Ziel. Versuch über die Einheitsmetaphysik des Opus tripartitum Meister Eckharts（Studien und Texte zur Geistesgeschichte des Mittelalters Bd . LIX, hrsg. von Jan A. Aertsen）, Leiden/ New York/ Köln 1997, besonders S. 70 ff.

（31）In Exod n. 14（LW II S. 20 Z. 1-2）: „Primo quod haec tria *ego, sum, qui* proprissime deo convenient."

（32）Priscianus, Institutiones Grammaticae VIII c. 10 n. 51 に依拠するが、エックハルトにおけるこの術語の他の活用箇所（In Exod n. 15; In Ioh n. 8; Sermo XII, I n. 123）にも、〈実体的〉が「名詞的に」を意味するような適用例は存しない。

（33）In Exod n. 15（LW II S. 20 Z. 11-12）: „Adhuc li *sum* verbum est substantivum. Verbum: 'deus erat verbum', Ioh. 1; substantivum: 'portans omnia verbo virtutis suae', Hebr. 1."

（34）In Exod n. 15（LW II S. 21 Z. 1-6）: „Secundo notandum quod li sum hic praedicatum propositionis, cum ait: *ego sum*, et est secundum adiacens. Quod quotiens fit, purum esse et nudum esse significat in subiecto et de subiecto et ipsum esse subiectum, id est essentiam subiecti, idem scilicet essentiam et esse, quod soli deo convenit, cuius quiditas est sua anitas, ut ait Avicenna, nec habet quiditatem praeter solam anitatem, quam esse significat.“; cf. In Exod n. 18（LW II S. 24 Z. 4-7）: „Unde quaerenti quid sit homo vel quid sit angelus, stultum est respondere «quia est» sive hominem esse sive angelum esse. In deo autem, ubi anitas est ipsa quiditas, convenienter respondetur quaerenti, quis aut quid sit deus, quod «deus est». Esse enim dei est quiditas. Ego, inquit, *sum qui sum*.“

（35）Cf. ebd., n.14（LW II S. 20 Z. 2-4）: „Li *ego* pronomen est primae personae. Discretivum pronomen meram substantiam significant; meram, inquam, sine omni accidente, sine omni alieno, substantiam sine qualitate, sine forma hac aut illa, sine hoc aut illo.“

（36）この解釈視点の指摘と更なる解釈の敷衍の可能性については—— cf. Meik Peter Schirpenbach, Wirklichkeit als Beziehung. Das strukturontologische Schema der Termini generales im Opus tripartitum Meister Eckharts, Münster 2004, S. 30 f.

（37）In Exod n. 15（LW II S. 20 Z. 12）: ‘portans omnia verbo virtutis suae’.

（38）尚、このように全現実の成立にとっての存在論的構造が‘ego sum’の自己表明の言語的構造と連動することについて、更に立ち入った究明とエックハルトのテキストからの臨証が必要であろう。

（39）In Exod n. 16（LW II S. 21 Z. 7-S. 22 Z. 6）: „Tertio notandum quod repetitio, quod bis ait: *sum* qui *sum*, puritatem affirmationis excluso omni negativo ab ipso deo indicat; rursus ipsius esse quandam in se ipsum et super se ipsum reflexivam conversionem et in se ipso mansionem sive fixionem; adhuc autem quondam bullitionem sive parturitionem sui — 〔...〕, lux in luce et in lucem se toto se totum penetrans, et se toto super se totum conversum et reflexum undique.“

（40）Cf. In Ioh n. 556（LW III S. 485 Z. 5-7）: „unum ipsum est negatio negationis, negationis, inquam, quam multitudo omnis cui opponitur unum includit; negatio autem negationis medulla, puritas et geminatio est affirmati esse, Exodi 3: ‘ego sum qui sum’.“ ——ラテン中世における二重否定の問題構制がアリストテレスの『形而上学』における「一」の「差異化されない非分割」からの発展であること、またトマスが否定性を「存在者における肯定的述定の、悟性による論理的操作を通しての欠如態（privatio）化」として論理的存在（ens rationis）へ還元できるものとするのに対し、エックハルトにおいては存在者そのものの存在論的規定として否定性が考えられていることについての概念史的展望を与える叙述として——Klaus Hedwig, Negatio Negationis. Problemgeschichtliche Aspekte einer Denkstruktur, in: Archiev für Begriffsgeschichte Bd. XXXIV Heft 1, Bonn 1980, S. 7-33（direkt in bezug auf Thomas, Eckhart und Cusanus: S.10-13）を参照。Negatio Negationis が超越論的完全性として、エックハルト（及び Heinrich von Gent）においては悟性的概念性を脱去した「神性である存在 esse」に専有の述定コンテキストを切り開いていることについて——Wouter Goris, a.a.O., S. 205 f.

（41）Prologus in opus propositionum n. 6（LW I S. 169 Z. 6-8）: „Praeterea li unum est negatio negationis. Propter quod soli primo et pleno esse, quale est deus, competit, de quo nihil negari potest, eo quod omne esse simul praehabeat et includat."

(42) Prologus in opus propositionum n. 15（LW I S. 175 Z. 12-15）: „Nihil ergo entitatis universaliter negari potest ipsi enti sive ipsi esse. Propter hoc de ipso ente, deo, nihil negari potest nisi negatio 〈ne〉 negationis omnis esse. Hinc est quod unum, utpote negationis negatio, immediatissime se habet ad ens."; cf. In Sap n. 147（LW II S. 485 Z. 6 f.）; In Exod n. 74（LW II S. 77 Z. 6 ff.）.

(43) Cf. 拙著 Selbstbezüglichkeit und Habitus. Die latente Idee der Geistmetapysik bei Thomas von Aquin, EOS Verlag, München 1997, S. 109-131: Die neuplatonische Idee 'reditio completa in se ipsum' als regulatives Paradigma.

(44) Cf. In Exod n. 20（LW II S. 26 Z. 1-8）: „Hoc autem, puta egere alio et non sufficere sibimet, alienum est prorsus ab essentia dei. »Primum enim est dives per se«. Cum ergo dicit: *sum qui sum*, docet ipsum subiectum *sum* esse ipsum praedicatum *sum* secundo positum, et quod ipsum agnominans est ipsum agnominatum, essentia est esse, quiditas est anitas, »essential sufficit sibi«, essentia est ipsa sufficientia. Hoc est dicere: »non eget essential alicuius entis nec eget alio extra se ad firmitatem« sive perfectionem sui, »sed ipsa essentia sufficit sibimet« ad omnia et in omnibus. Et hoc est proprium soli deo, talis scilicet sufficientia."——この引用内容が『諸原因の書（Liber de causis）』における prop. 20 での »Primum est dives per seipsum et non est dives maius« に依拠することは明らかである。この問題連関の詳論としては、Werner Beierwaltes, Primus es dives per se. Meister Eckhart und der ‚Liber de causis', in: E. P. Bos und P. A. Meijer（Hrsg.）, On Proclus and his influence in Medieval Philosophy, Leiden 1992, pp. 141-169 を参照。

（45）エックハルトのこのように定式化される主張は、『ヨハネ福音書註解』における「あなたは何処に住んでいるのか」（ヨハネ一・三八）の聖書句に対するエックハルトの註解で、「神がすべての存在者の（本来の）何処と場所である」と開明される箇所と密接な関連があると筆者は考える。その論証内容としてエックハルトは、「神はそれ自身、すべてのものの存在であり、始原であり、〔……〕すべてのものは神からその存在を、しかも直接受け取っている」という事態を呈示し、その論拠として「存在と存在者それ自体の間には、如何なる媒介も存在しない」という根本前提を挙げている――Cf. In Ioh n. 204; 205.

（46）In Exod n. 22（LW II S. 29 Z. 3-6）: „Et Bernardus V De consideratione: »quid est deus? Sine quo nihil est. Tam nihil est sine ipso quam nec ipse sine esse potest. Ipse sibi, ipse omnibus est, ac per hoc quodammodo solus ipse est, qui suum ipsius est et omnium esse.« — Bernardus de Clairvaux, De consideratione V, c. 6 n. 13（PL 182, 796）".

（47）In Exod n. 18（LW II S. 24 Z. 10-S. 25 Z. 1）— Bernardus de Clairvaux, ibid.

（48）Étienne Gilson, L'Esrit de la Philosophie Médiévale, Gifford Lectures（Université d'Aberdeen）, Deuxième édition revue. Paris, Librairie Philosophique J. Vrin, 1943, p. 45 ff.

（49）Cf. Karl Albert, Meister Eckhart und die Philosophie des Mittelalters（Betrachtungen zur Geschichte der Philosophie I）, Dettelbach 1999, S. 518: „Man kann Eckharts Lehre vom Sein, bei der er sich immer wieder auf diese Stelle〔Exodus 3, 14〕beruft, als hervorragendes Beispiel dessen bezeichnen, was seit Gilson ‚Exodusmetaphysik' genannt wird."

（50）以下の三つの段階構造を読み込む解釈については、Reiner Manstetten, Esse est Deus. Meister Eckharts christologische Versöhnung von Philosophie und Religion und ihre Ursprünge in der Tradition des Abendlandes, Freiburg i. Br./ München 1993, S. 57-63 を参照した。

第三論稿　普遍的神性の問題を巡っての、マイスター・エックハルトにおける宗教哲学的問題脈絡への諸断章

第一節　エックハルトに独創的な神–学的「平和理解」の宗教哲学的意義

（1）Cf. ドイツ語説教 Nr. 83 ›Renouamini spiritu（Eph. 4, 23)‹ より――「何故なら、平和の内にいる限り、神の内にいるからである。平和の外に出る限り、神の外にいるからである」（DW III S. 445 Z. 4 f.)。

（2）この解釈視点からの方向における詳論として、Udo Kern, „Gottes Sein ist mein Leben“. Philosophische Brocken bei Meister Eckhart, Berlin/ New York 2003, S. 257 ff. を参照。

（3）Die rede der underscheidunge, DW V S. 308 Z. 5; ebd., Z. 4, Z. 6.

（4）Sermo XLVIII, 2 ›Multi ambulant, qui terrena sapiunt‹ , n. 503（LW IV S. 419 Z.1）: „... deus non est nec sapit nisi in uno.“

（5）Cf. Sermo XXXIII ›Si spiritus vivimus, spiritu et ambulemus‹, n. 334（LW IV S. 292, Z. 3 f.）: „Abscessus ab uno recessus est a pace, Ioh. 16: ‚in mundo pressuram habebitis‘, in me autem pacem‘.“

（6）エックハルトに特徴的な一性形而上学の組織的展開の研究として――Wouter Goris, Einheit als Prinzip und Ziel. Versuch über die Einheitsmetaphysik des Opus tripartitum Meister Eckharts（Studien und Texte zur Geistesgeschichte des Mittelalters Bd . LIX, hrsg. von Jan A. Aertsen）, Leiden/ New York/ Köln 1997, besonders S. 70 ff.

（7）この〈必当然性〉は然るに、神の働きによる神の自己譲与の必然（„Müssen“）に由来することをエックハルトは多くのテキストで示唆している。――Dazu: Shizuteru Ueda, Über den Sprachgebrauch Meister Eckharts: ‚Gott muß …‘—Ein Beispiel für Gedankengänge der spekulativen Mystik, in: G. Müller/ W. Zeller (Hrsg.), Glaube, Geist und Geschichte. Festschrift für E. Benz, Leiden 1967, S. 266-277.

（8）敷衍してこのように理解・解釈する方向での更なる展開については、以下の論文を参照のこと――Markus Enders, Gott ist die Ruhe und der Friede. Eine kontextbezogene Interpretation der Predigten 7（‚Populi eius qui in te est, misereberis‘）und 60（‚In omnibus requiem quaesivi‘）des Meister Eckhart, in: Andreas Speer und Lydia Wegener（Hrsg.）, Meister Eckhart in Erfurt（Miscellanea Mediaevalia Bd. 32）, Berlin/ New York 2005, S. 450-470.

（9）Die rede der underscheidunge, DW V S. 211 Z. 3-5.

第二節　『神の慰めの書』に含蓄された宗教哲学的境位の究明に向けて

（10）Cf. DW II S. 501 Z. 3-6; DW V S. 29, Z. 7-10.

（11）例えばB・ヴェルテ（Bernhard Welte, 1906–1983）は、その著名な著書 Meister Eckhart. Gedanken zu seinen Gedanken, Freiburg i. Br. 1992（邦訳：大津留直訳『マイスター・エックハルト――その思索へ向かって思索する試み』法政大学出版局、二〇〇〇年）の第八章と第九章でこの問題脈絡からの展開相のための端緒を一定の枠内で呈示している。

（12）上田閑照氏は、禅における否定動性からエックハルトの宗教思想における否定の問題を照射し、比較検討しておられる。非常に学ぶものが多く、括目させられる（例えば、上田閑照『非神秘主義——禅とエックハルト』哲学コレクションⅣ、岩波現代文庫、二〇〇八年、六四—一二二頁、特に九一頁以下）。

(13) Cf. Michel Henry, L'essence de la manifestation, Presses Universitaires de France, 1963——邦訳：ミシェル・アンリ、北村晋／阿部文彦訳『現象の本質』（上）、法政大学出版局二〇〇五年、四四一頁以下。

(14) Cf. 同『知識学講義』最終講の以下の箇所も参照——「それ自体としての、絶対的な原活動性と運動が生じると同時に、それの像としての、形成作用またはこの原活動性の後からの形成作用が生じる。ところがわれわれは、前者のなかに立つことはできないし、後者のなかに立つこともできない。むしろ両者の中間点のなかに立っていなければならない。正に、他のあらゆる形成作用や直観を排除して実在的に自己自身による、絶対的で内的な効能ある自己形成作用のなかに立っていなければならない」(SW X, S. 309)。

(15)「概念の定立と否定」を絶対者の〈直接的現象（原像 Urbild）の像（Bild）〉として知の本質を究明する後期フィヒテの立場については、特に Wolfgang Janke, Fichte: Sein und Reflexion. Grundlagen der kritischen Vernunft, Berlin 1970, S. 336 ff.

第三節　〈無〉理解の透徹へ向けての思索的《試み》

(1) Sermo XXXVII n. 375 (LW IV S. 321 Z. 1); Prologus in opus propositionum n. 4 (LW I S. 107); Expositio sancti Evangelii secundum Iohannem（以下 In Ioh）n. 20 (LW III S. 17 Z. 10-11); Exp-

ositio Libri Sapientiae（以下 In Sap）n. 34（LW II S. 354 Z. 11）; ドイツ語説教第五番 a（Nr. 5a）（DW I S. 80 Z. 12）; ドイツ語説教第十番（Nr. 10）（DW I S. 170 Z. 3）; ドイツ語説教第二十九番（Nr. 29）（DW II S. 88 Z. 7-8）; cf. Sermo XV 2 n. 158（LW IV S. 150 Z. 5）; ドイツ語説教第四十五番（Nr. 45）（DW II S. 369 Z. 5-7）; Sermones et Lectiones super Ecclesiastici n. 61（LW II S. 290 Z. 7 f.）; etc.

（2）Sermones et Lectiones super Ecclesiastici n. 53（LW II, S. 282 Z. 6）

（3）Expositio Libri Genesis（以下 In Gen）n.146（LW I S. 299 Z. 4 f.）; ドイツ語説教第七十七番（Nr. 77）（DW III S. 339 Z. 2-4）.

（4）ドイツ語説教第五番 b（Nr. 5b）: „Alliu dinc sint geschaffen von nihte; dar umbe ist ir rehter ursprunc niht,“（DW I S. 94 Z. 4 f.）

（5）Prologus generalis in opus tripartitum n.17: „Nihil enim nihl recipit nec subiectum esse potest nec terminus esse potest nec finis cuiusquam actionis.“（LW I S. 161 Z. 12-13.）

（6）すべての被造的存在者は、それが単にそのもの自体である限りは、無化する無（das nichtende Nichts）という存在否定（存在の内に在ることからの逸脱）の動性を根本傾向として有しているのだが、人間がただ被造的存在者の次元に閉鎖的に固着する態度をとることによってこの根本傾向は現実化される。

（7）In Ioh n. 220（LW III S. 185 Z. 5-8）——「二十四人の哲学者の一人が、次のように言っている、『神は存在するものの媒介によって無と対峙するもの（反対のもの）となる』。その意味は、神との比較・対比における宇宙全体は、宇宙そのものと比較・対比された無のような関係にあり、このように宇宙そのもの、すべての存在するものは、神と無の間の中間のようなものであるということである」。即ちエックハルトは、世界内部的存在者の身分を絶えざる〈存在論的弁証法〉において見て取る。

(8)Cf. ドイツ語説教第四番（Nr. 4）（DW I S. 69 Z. 8-S. 70 Z. 6）. それ故、存在（esse）への〈逆転せる視界〉が被造的存在者の〈純粋な無性〉の非覆蔵によって開かれるという点からは、この無の理解は「関係的無（ein relationales Nichts）」を意味していると言えよう。Vgl. Reiner Manstetten, Esse est Deus. Meister Eckharts christologische Versöhnung von Philosophie und Religion und ihre Ursprünge in der Tradition des Abendlandes, München 1993, S. 461.

(9)ドイツ語説教第四十五番（Nr. 45）（DW II S. 369 Z. 5-7）: „Alle crêatûren, in dem daz sie sint, dâ sint sie als ein niht; swenne sie überschinen werdent mit dem liehte, in dem sie ir wesen nement, dâ sint sie iht.“

(10)ドイツ語説教第四番（Nr. 4）（DW I S. 70 Z. 2-3）: „Alle crêatûren hânt kein wesen, wan ir wesen swebet an der gegenwerticheit gotes.“

(11)Prologus in opus propositionum n. 13（LW I S. 172 Z.15-S. 173 Z. 1）.

(12)ラテン中世における否定の問題構制がアリストテレスの『形而上学』における「一」の「差異化されない非分割」からの発展であること、またトマスが否定性を「存在者における肯定的述定の、悟性による論理的操作を通しての欠如態（privatio）化」として論理的存在（ens rationis）へ還元できるものとするのに対し、エックハルトにおいては存在者そのものの存在論的規定として否定性が考えられていることについて概念史的展望を与える叙述として——

Klaus Hedwig, Negatio Negationis. Problemgeschichtliche Aspekte einer Denkstruktur, in: Archiev für Begriffsgeschichte Bd. XXXIV Heft 1, Bonn 1980, S. 7-33（direkt in bezug auf Thomas, Eckhart und Cusanus: S. 10-13）を参照。

（13）ドイツ語説教第二十一番（Nr. 21）（DW I S. 363 Z. 5-6）: „Alle crêatûren hânt ein versagen an in selben; einiu versaget, daz si diu ander niht ensî.“; cf. In Ioh n. 611; In libri Exodi n. 74（LW II S. 77 Z. 6）: „omne citra deum, utpote citra esse, est ens et non ens, et negatur sibi aliquod esse cum sit sub esse et citra esse, et ideo ipsi congruit negatio.“

（14）ドイツ語説教第二十三番（Nr. 23）（DW I S. 402 Z. 2）; In Ioh n. 207（LW III S. 174 Z. 11-S. 175 Z. 3）.

（15）この点に関してのエックハルトのテキストに依拠しての詳論としては、以下を参照――Udo Kern, Die Anthropologie des Meister Eckhart, Hamburg 1994, S. 47 ff.

（16）ドイツ語説教第十一番（Nr. 11）（DW I S. 185 Z. 4-7）: „Von nihte ensuln wir niht wizzen und mit nihte ensuln wir niht gemeine hân. Alle crêatûren sint ein lûter niht. Swaz niht hie noch dâ enist und dâ ein vergezzenheit aller crêatûren ist, dâ ist vüllede alles wesens.“

（17）ドイツ語説教第六番（Nr. 6）（DW I S. 107 Z. 5-6）: „Die nihte glîch sint, die sint aleine gote glîch. Götlich wesen enist niht glîch, in im enist noch bilde noch forme.“

（18）Vgl. Bernhard Welte, Religionsphilosophie, Freiburg i. Br./ Basel/ Wien 1978, S. 68 f.

（19）ドイツ語説教第八十二番（Nr. 82）（DW III S. 431 Z. 2-3）: „ ..., wan got ist niht; niht alsô, daz er âne wesen sî: er enist weder diz noch daz, daz man gesprechen mac; er ist ein wesen ob allen wesen."

(20)ドイツ語説教第八十三番（Nr. 83）（DW III S. 441 Z. 9-S. 442 Z. 2）: „Sprich ich och: ‚Got ist ein wesen'—es ist nit war: Er ist ein vber swebende wesen vnd ein vberwesende nitheit."

(21)ドイツ語説教第七十一番（Nr. 71）（DW III S. 224 Z. 3）: „Der aber bî nihte von gote redet, der redet eigenlîche von im."; cf. „Got ist ein sôgetan wesen, daz man ez niht baz bekenett denne mit nihte. Wie mit nihte? Daz man abe lege allez mitel."（Predigt L VII, in: Deutsche Mystiker des 14. Jahrhunderts in 2 Bänden, II: Meister Eckhart, hrsg. von Franz Pfeiffer, Nachdruck der Ausgabe Leipzig 1857, Aalen 1962, S. 182 Z. 31 f.）

(22)このコンテキストは同時に、〈魂の根底における神の誕生〉というエックハルトのドイツ語諸説教全体の中心テーマと密接に連関する。但し、その連関をこの論稿で主題的に改めて追究することは、割愛せざるを得ない。

(23)ドイツ語説教第七十一番（Nr. 71）（DW III S. 222 Z. 11-S. 223 Z. 2）: „Ich enmac niht gesehen, daz ein ist. Er sach niht, das was got. Got ist ein niht, und got ist ein iht. Swaz iht ist, daz ist ouch niht."

(24)この『場所』論文において既に、場所の超越性は「意識が意識自身の底に没入する」力動性に於ける「最後の非合理的なるもの」（Ⅳ、二四五頁）として問題化され、「意志の背後にある創造的な無」（Ⅳ、二三八頁）とも述べられる。――「最も深い意識の意義は真の無の場所ということでなければならぬ。概念的知識を映すものは相対的無の場所たることを免れない。所謂直覚に於て既に真の無の場所に立つのであるが、情意の成立する場所は更に深く広い無の場所でなければならぬ。此故に我々の意志の根柢に何等の拘束なき無が考えられるのである（Ⅳ、二二四―二二五頁）。

(25)小坂国継氏は、「このように、『一般者の自覚的体系』の特徴の一つは、〈絶対無の場所〉とともに〈絶対無の自覚〉が説かれるようになったことである。そしてその使用頻度はますます増えていき、次作『無の自覚的限定』（昭和七年）では、絶対無の場所という言葉はほとんど使用されなくなり、もっぱら絶対無の自覚的限定とか、一般者の自己限定という言葉が使用されるようになる。このことは、西田の関心が認識論的関心から形而上学的関心へ、さらに形而上学的関心から歴史的現実世界の自己形成の問題へと移行していったことを示している。換言すれば、西田の関心は、絶対無の場所への上昇的・往相的方向から、絶対無の場所からの下降的・還相的方向へと移っていった。そこには弁証法神学やマルクシズムの影響がみとめられる」（「自覚と絶対無」、日本哲学史フォーラム編『日本の哲学』第五号・特集《無／空》、昭和堂、二〇〇四年、四九―六七頁、五四―五五頁）と解説しておられるが、西田のこの時期における発展様相を展望する上での卓見と思われる。

(26)参照――「しかしヘーゲルの弁証法といえども未だ真に私のいわゆる無の自覚のノエシス的限定の意義を有ったものではない。それがイデヤの弁証法であり、過程的弁証法であるかぎり、なお無のノエマ的自覚の意義を脱し得ない、ヘーゲル哲学が形而上学を脱することのできなかった所以である」（Ⅵ、一七八頁）。更に、旧全集第五巻の『総説』の次の部分を参照――「所謂自覚的自己といふも斯くして考えられた過程的自己たるに過ぎない、自覚面に於て見られるものである。併し眞に自己自身を見るものに於てはかゝる過程的自己は内に包まれねばならない。我々の意識が直覚的となればなる程、作用的なものは超越せられるのである。眞の自覚面といふものは直覚面でなければならない」（V、四五四頁）。

（27）「絶対的一者」や「神」は、絶対無の場所において〈絶対的鏡〉と成る宗教的自己が〈絶対無の影〉を映すことによって、絶対無のノエマ化と言うことができる。参照――「私は絶対的一者というものを基底的に考えるのではない。それは私の根本的立場に反するものである。何処までもいわば映像と考えるのである。然らばといって、それを単に虚幻と考えるのかといわればそうではない。現象即実在である。一即多、多即一である」（「自覚」一九四三年初出、『哲学論文集第五』一九四四年に所収、X、五三一―五三二頁）。

（28）ドイツ語説教第五十二番（Nr. 52）（DW II S. 504 Z. 1-3）：„…; und enwære ich niht, sô enwære ouch ‚got' niht. Daz got ‚got' ist, des bin ich ein sache; enwære ich niht, sô enwære got niht ‚got'."

（29）ドイツ語説教第八十三番（Nr. 83）（DW III S. 443 Z. 5-7）：„Dv̄ solt alzemal entzinken diner dinisheit vnd solt zer fliesen in sine sinesheit vnd sol din din *vnd* sin *sin* éin min werden als genzlich, das dv̄ mit ime verstandest ewiklich sin vngewordene istikeit vnd sin vngenanten nitheit."

（30）上田閑照氏は、禅的–西田的〈絶対無〉とエックハルトの〈神性の荒野からの神〉との根本的な差異を、例えば次のように示しておられる――「エックハルトは〈実体〉の範疇を、仏教は〈関係〉の範疇を、それぞれ常軌を超えた徹底性において専用することによって同じように〈無〉に至ったが、エックハルトでは〈それ自体としては有であって他に対しては無〉、仏教では〈それ自体としては無であって相互に対しては有〉となる。この場合、〈実体〉を究極の原理にしたエックハルトでは、そのことによってひきおこされた有と無の関係は、その究極の原理の外に残されている」（上田閑照『非神秘主義――禅とエックハルト』哲学コレクションⅣ、岩波現代文庫、二〇〇八年、九三頁）。尚、この問題を巡っての上田先生の最初期の論稿として、以下を参照――Shizuteru Ueda, Das »Nichts« bei Meister Eckhart und im Zen-Buddhismus unter besonderer Berücksichtigung des Grenzbereiches von Theologie und Philosophie, in: Dietrich Papenfuss/ Jürgen Söring (Hrsg.), Transzendenz und Immanenz. Philosophie und Theologie in der veränderten Welt, Stuttgart 1977, S. 257-266.

(31) ドイツ語説教 Nr. 10（DW I S. 171 Z. 13-S. 172 Z. 2）: „…: si〔ein kraft in der sêle〕gründet und suochet vort und nimet got in sîner einunge und in sîner einoede; si nimet got in sîner wüestunge und in sînem eigenen grunde. Dar umbe enlât si ir niht genüegen, si suochet vürbaz, waz daz sî, daz got in sîner gotheit ist und in sînem eigentuome sîner eigenen natûre.“; cf. Predigt L VI, in: Deutsche Mystiker des 14. Jahrhunderts in 2 Bänden, II: Meister Eckhart, hrsg. von Franz Pfeiffer, Nachdruck der Ausgabe Leipzig 1857, Aalen 1962, S. 179 f.

(32) この点についての的確な叙述として、以下を参照――小野真『ハイデッガー研究――死と言葉の思索』京都大学学術出版会、二〇〇二年、四二三頁以下。

(33) 一九四九年の註記より――「拒絶的に送付すること、すなわちそれ自身でのみ存在する存在者の拒絶的送付。送付すること、すなわち存在者の存在への送付（ab-weisen: das Seiende für sich; ver-weisen: in das Sein des Seienden）」: GA 9, S. 114.

(34) 然るに同テキストにおいて、「無は、存在者に対する無規定な対向であるに留まらず、存在者の存在に帰属するものとして自らを露呈する（GA 9, S. 120）」と述べられるのは、ここでの

〈帰属〉からハイデガーの思索が〈存在者を基点とすることからの〉〈乖離〉と後年には転移してゆく経緯に鑑みれば、最後の前哨線を示していると解釈できよう。

(35) 後期ハイデガーの思索の展開における〈無〉について、筆者は未だ十全な全集版の諸テキストの査定と解明を組織化するには途上の段階である。欧米の参考文献の中で、例えばPeter Trawny, Martin Heideggers Phänomenologie der Welt, Feiburg i. Br./ München 1997, S. 52 f. は一つの示唆を与えるに留まるものである。

後語にかえて――結びと開き

何よりも、神的本性における同等性は、「一」の誕生であり、一から一における一との同等性は、花開く燃える愛の始まりであり、その根源である。〔……〕愛は本性的に、一である二から流れ出て、生じる。一である一は愛を生まず、二である二も同じく愛を生まず、むしろ一である二が、必然的に本性にかなった激しい燃える愛を生むのである。（『神の慰めの書』より）

ドイツ神秘思想の潮流を産み出したマイスター・エックハルトの思考鉱脈に分け入ることを念願とした本書は、その考究のための幾筋かの消尽線を描き出すことができたかもしれないが、未だにエックハルトはその思想の豊穣さと霊性の湧き出る泉を無尽蔵に埋蔵する巨頭として、二十一世紀の歴史的世界に身を置くわれわれに対峙している。本書では、学匠／読解の師（Lesemeister）であるとともに生の達人／人生の師（Lebemeister）という精神史的意義を有するエックハルトの卓越した霊性から脈打つ実践的生の指針については、ほとんど主題化が及んでいないと言えるので、今後はこの方向意味（Richtungssim）を切り開く叙述も同時に目指したい。

但しこのように実践的生の活性化へと照準化する際にも、エックハルトから学ぶためには常に繰り返しその思索的霊性を拠り所とすることへと立ち戻る必要がある。この後語における冒頭の『神の慰めの書』からの引用箇所の言明も、本書の第三論稿第二節の中でも少し立ち入って論述したように、「神性における同等性」を巡ってのエックハルトの高度に思弁的な省察を経ることなしにはその真意を理解することはできないであろう。

以上の冒頭引用箇所とはまた差異化された思想脈絡で、エックハルトのドイツ語説教第五十三番（Nr. 53）は、旧約聖書の詩篇六十二の十二節「神は一を語り、われわれは二を聴いた」という箇所について以下のように述べている。

預言者は「あなたは一を語り、わたしは二を認識した」（詩篇61・12）という。もし神が魂のうちへ語るならば、魂と神とは一である。この一が〔外へ〕逸するならば、これは分割されてしまう。（DW II S. 536 Z. 5–7）

このテキスト箇所について、上田閑照氏がとても興味深く貴重な解読を与えてくださっているので、以下に更に引用しておきたい。

「神は一を語り、私は二を聴いた」。それ自身において一である一そのものは、分かたれることなく「語り出され得ない」。一は、二、人間の言葉の条件としての「二」によっては、そして二においては語られないのである。神のみが、自らの内で自分自身を語るという仕方で、語り得ない一を語るのである。「神は一以外の言葉を語らず、その一自身は語られ得ない」(Pf 76【= Franz Pfeifer, II S. 76】)。「一を語る」ということは、何か「火花」が発するようなことなのか。「魂における神の子の誕生」とは神が、語られ且つ語られない「一」を魂の内で語ることである。なぜなら「私は」一ではなく、「二を聴いた」からである。その二は、神と被造物、主体と客体、主語と述語などさまざまな意味で問題になってくる。魂は、それ自身その根柢においては語り得ない「一」そのものであるが、自ら語ることができるのは、それが聴いたところのもの、すなわち「二」のみである。魂の深みには一つの断層があり、その故に「根柢」と言われるのであろうか。(上田閑照「エックハルトのドイツ語説教における〈言葉〉の問題」、『言葉(哲学コレクションⅢ)』岩波現代文庫、二〇〇八年、一九七—一九八頁所収)

本書も、確かにエックハルトの〈語られ且つ語られない「一」〉へと焦点化する言葉の本質現成の在り処を、その第一論稿における重層的な思考連関を通しての主題化以降も、常に問い究める探求の態勢を維持し得たと言えるのかもしれない。しかし、未だにこの〈「一」を問い究める思惟〉が完結する地点を見出し、安息の地に至ったとは到底告白できるものではないのである。ドイツ神秘思想にも、そしてエックハルトの思惟躍動においてさえ、「一」を原理とする西洋の新プラトン主義の影響作用史に規定された形而上学的思考からの《停留》が見いだせるのではなかろうか？

「一《いっ》何れの処にか帰する？」——この問いが、どんな答えを出してもその答えを奪って、「まさにその答えであるもの、その究極そのものは一体何処に帰すのか」へと答えなき問いの無限性の発動となることが、神秘主義を通り抜けての神秘主義超脱の無窮の動性を体現する〈禅〉が本領を発揮する圏域であると、上田閑照氏は別の論稿にて開陳しておられる。

　最後に、その思索の言葉を聴いて、心に留めたい（——心に留め置かれたものからの鳴り響きAnklangが、今後どのような変奏を伴って展開するかは、本書最後の第三論稿第三節末尾の問いかけと共に、未だ沈黙の内に息づくのみである）。

すべては「一」だということが真に言えるとしたならば、その「一」はあくまで無相無形であって同時にその故に却って「多」を「多」として成り立たしめる、むしろ「多」として現じるものでなければならない。「一」の真理は「無にして多」と言えるであろう。その場合、「多」は「一」の多彩であり、「一」は「多」の一如であり、そしてそういう動的関係そのものが「無」の具体なのである。（上田閑照「神秘主義と非神秘主義――「一」をめぐって」、『非神秘主義――禅とエックハルト（哲学コレクションⅣ）』岩波現代文庫、二〇〇八年、一六三―一六四頁所収）

＊

本書を春秋社より刊行することができるに至るまで、春秋社編集部の小林公二さんには一方ならぬお世話とご尽力をいただいた。編集の段階でも、様々にご苦労をかけながら、本書が一冊の刊行本として広く公開の場に出るに当たって少しでもより良きものとなるよう、ご配慮とご示唆をいただいた。春秋社スタッフの皆様ともどもに、厚く感謝と御礼の意を表明したい。

尚本書の公刊は、上智大学研究推進機構を通して採択された、「上智大学重点領域研究課題『グローバル化の動向に直面しての〈宗教的霊性〉の刷新的適応と〈いのちの倫理〉の統合的構築――地球環境を憂慮する〈いのちの倫理〉の〈宗教的基礎〉へ向けて』（研究代表者・長町裕司）」（平成二七年度―二九年度）に基づく学術研究特別推進費よりの研究成果出版印刷費により可能となり、上智大学設立母体であり筆者も属する修道会（カトリック・イエズス会）の会宅 S. J. Hause からの学術研究出版基金の援助を受けて成立したものであることに、改めて心からの謝意を記す次第である。

また、本書の校正の段階で、日々の授業準備に加えて極めて多くの学部卒業論文の添削や大学院の修士論文提出者の指導に忙殺されるわたくしを、原稿のチェックを通して助けてくれた上智大学大学院文学研究科哲学専攻の各院生たち（石田寛子、秋葉翔矢、須藤真穂、寺内怜香）及び上智大学文学部哲学科の学部生（飯塚萌）にも、この場を借りて心から「ありがとう」と申し添えたい。

長町裕司

カトリック教会の〈いつくしみの特別聖年〉が閉じられる
二〇一六年十一月の終わりに

初出一覧

序の部　今日の思惟の境涯における〈ドイツ神秘思想〉の意義

本書のために新たに起稿。

承前　知性的活動原理における、〈神の像（imago）の在り処〉の究明
――ドイツ神秘思想成立の「理論的布石」としてのマイスター・ディートリッヒ

『中世思想研究』第五十号（知泉書館、平成二〇年九月二五日刊行）九一―一〇二頁に掲載の論文を、大幅に加筆した上で修正（特に註の部分で原典引用文の削除、等）。

本編　エックハルト論攷

第一論稿　マイスター・エックハルトの言語理解に寄せて

第一節　問題の着手措定的開陳

第二節　エックハルトにおける、トマス・アクィナスの言語理論の受容と変容
――十三世紀スコラ学の遺産継承からの、エックハルトにおける言語コンセプトの新たな展開

第三節　〈神の子誕生（*generatio*）〉モチーフと〈ことばの本質現成（*wesen*）〉の在り処
――『ヨハネ福音書註解』を根本テキストとしつつ
第四節　〈神その者からのことば性格〉へ向けての究明
第五節　言語の根源的な思弁性（Spekulativität）とエックハルトの像（Bild）論との関連点へ向けて

平成一五年度～平成一六年度科学研究費補助金（基盤研究（B）－（2））中世後期からルネサンスに至る「言葉」理解――形而上学から人文主義へ（研究課題番号 15320004）研究成果報告書に所収の論稿（五－四六頁）に基づく。本書に収録するにあたって、大幅に加筆・訂正を施した。

第六節　「霧の只中の明けの明星のように……」
――エックハルトの言語理解における、〈一性形而上学への精神形而上学の統合〉という事態究明に向けて

『中世思想研究』第四八号（知泉書館、平成一八年九月二五日刊行）六九－八二頁に掲載の論文を、加筆した上で修正訂正を施した。

第二論稿　マイスター・エックハルトの根本テーゼ„Esse est Deus"
――その、聖書的かつ形而上学的基礎の開明へ向けての準備考察

第四回『ハイデガーフォーラム』大会（統一テーマ「いま、神はどこに」／特集「ヘルダーリン――ハイデガーと詩人たち」（二〇〇九年九月二〇／二一日、於、京都工芸繊維大学）での研究報告原稿『〈形而上学に入り来たった神〉もしくは〈形而上学から退去する神〉？――ハイデガーの「存在の思惟」とエックハルトの根本テーゼ「存在は神である」』（電子ジャーナル Heidegger-Forum vol. 4, pp. 90-115 に掲載）の内、第（Ⅱ）の「マイスター・エックハルトにおける〈神-存在-論的（theo-onto-logisch）思惟〉」の部分を一部変更を加え、加筆・訂正を施した。

第三論稿　普遍的神性の問題を巡っての、マイスター・エックハルトにおける宗教哲学的問題脈絡への諸断章

第一節　エックハルトに独創的な神-学的「平和理解」の宗教哲学的意義

第二節　『神の慰めの書』に含蓄された宗教哲学的境位の究明に向けて

第四回〈宗教哲学会〉大会（二〇一二年三月二四日、於、京都大学文学部新館）での研究発表原稿『ドイツ神秘思想からの宗教哲学——普遍的神性の問題を巡るマイスター・エックハルトの定礎の再考』に基づくが、本書のために新たに修正し起草した部分を加筆。

第三節　〈無〉理解の透徹へ向けての思索的《試み》
——マイスター・エックハルトにおける〈無を巡る問題脈絡〉と西田幾多郎の下での〈無の思索〉の交差に向けて、及び付論としてのハイデガーにおける〈存在論的思惟と無〉

マイスター・エックハルトにおける〈無を巡る問題脈絡〉と西田幾多郎の下での〈無の思索〉の交差に向けて、及び付論としてのハイデガーにおける〈存在論的思惟と無〉——西田哲学会第十回年次大会（平成二四年七月二一／二二日、於、京都産業大学）の大会シンポジウム「無」での提題原稿「〈無〉理解の透徹へ向けての思索的《試み》――マイスター・エックハルトにおける〈無を巡る問題脈絡〉と西田幾多郎の下での〈無の思索〉の交差に向けて」(『西田哲学会年報第十号』平成二五年七月、五一―六八頁に掲載)を改変して加筆修正。付論の「ハイデガーにおける〈存在論的思惟と無〉」の部分は、本書のために新たに起稿。

後語にかえて――結びと開き

本書のために新たに起稿。

ら行

ライター（Peter Reiter） 199, 213
ライプニッツ（Gottfried Wilhelm Leipniz, 1646-1716） 53
リベラ（Alain de Libera, 1948- ） 22
ルー（Kurt Ruh, 1914-2002） 68, 185-186, 189, 196, 199, 224, 231, 235, 252
ルルス（Raimundus Lullus, ca. 1232-1316） 53

事項

京都学派 18
新プラトン主義 15, 28, 29, 36, 47, 73, 132, 134, 143, 152, 190, 192, 203, 209, 234, 266
ドイツ神秘思想 5-6, 8-9, 13, 15, 17-18, 21-23, 54, 141, 153, 155, 234, 263, 266

た行

タウラー（Johannes Tauler, ca. 1300-1361） 14-15
ディートリッヒ（Dietrich von Freiberg, ca. 1240-1318/20） 14, 22, 43-48, 185-188, 202, 207, 235-236, 260
トマス・アクィナス（Thomas de Aquino, ca. 1225-1274） 28-29, 32-33, 36, 38-40, 42-43, 45, 55-62, 64, 66, 117, 124, 186-188, 191-194, 196-197, 201, 206, 218, 234, 243, 247-248, 255-256

な行

西田幾多郎（Kitaro Nishida, 1870-1945） 7-8, 12-13, 47, 155, 164-172, 182, 188, 203, 258-259
西谷啓治（Keiji Nishitani, 1900-1990） 18-20

は行

ハース（Alois Maria Haas） 56, 190, 223, 229
ハーゼブリンク（Burkhard Hasebrink） 190, 237
ハイデガー（Martin Heidegger, 1889-1976） 41-42, 110, 113, 155, 173-177, 179-180, 182, 198, 237, 261
ハイムゼート（Heinz Heimsoeth, 1886-1975） 17
バイヤーヴァルテス（Werner Beierwaltes, 1931- ） 203, 248
フィッシャー（Heribert Fischer） v, 215, 220
フィヒテ（Johann Gottlieb Fichte,1762-1814） 17, 153, 253,
プファイファー（Franz Pfeiffer, 1815-1868） 9, 63, 196, 211, 227-229, 257, 260
フラッシュ（Kurt Flasch, 1930- ） 14, 22, 54, 185-187, 189, 201-202, 207, 236, 238
ヘーゲル（Georg Wilhelm Friedrich Hegel, 1770-1831） 17, 96, 170, 179, 180, 198, 222, 258
ベーメ（Jakob Böhme, 1575-1624） 16, 54, 165
ベック（Ulrich Beck, 1944-2015） 17-18
ヘトヴィッヒ（Klaus Hedwig） 218, 247, 256
ベルトルト（Berthold von Moosburg, ?-1361） 15, 186
ホフ（Hans Hof） 212

ま行

マンステッテン（Reiner Manstetten） 250, 255
モィジシュ（Burkhard Mojsisch） 185-188, 202, 207, 235-236

人名索引

あ行

アーペル（Karl-Otto Apel, 1922- ）　53-54, 189, 122
アウグスティヌス（Aurelius Augustinus, 354-430）　21, 29, 58, 64, 69, 92, 98, 204, 215
アリストテレス（Aristoteles, BC384-BC322）　21, 27-29, 31-32, 36, 42-43, 46, 60, 73, 96, 119, 127, 159, 185-186, 190-192, 202-203, 218, 232-233, 240, 244, 247, 255
アルベルト（Karl Albert, 1921-2008）　123-124, 233, 243, 249
アルベルトゥス（Albertus Magnus, ca. 1193-1280）　21-22, 28
ヴァルトシュッツ（Erwin Waldschütz, 1948-1995）　208, 217
ヴィルデ（Mauritius Wilde, 1965- ）　188, 223
上田閑照（Sizuteru Ueda, 1926- ）　6-7, 19, 21, 68, 199, 217, 252-253, 259-260, 264-267
ヴェルテ（Bernhard Welte, 1906-1983）　252, 256
エックハルト（Eckhart von Hochheim, ca. 1260-ca. 1328）　passim
エンダース（Markus Enders, 1963- ）　252

か行

ガダマー（Hans-Georg Gadamer, 1900-2002）　94-96, 194, 221
クヴィント（Josef Quint, 1898-1976）　v, 196, 225-226
クザーヌス（Nikolaus von Kues, 1401-1464）　16, 165, 233-234
ケルン（Udo Kern, 1942- ）　211, 251, 256
コェベレ（Susanne Köbele,）　231, 235, 237
コッホ（Josef Koch, 1885-1967）　v, 232-233
ゴリス（Wouter Goris, ）　219, 245, 247, 251

さ行

シェリング（Friedrich Wilhelm Joseph von Schelling, 1775-1854）　17
シュトゥルレーゼ（Loris Sturlese, 1948- ）　21-22, 185, 199
シルペンバッハ（Meik Peter Schirpenbach）　246
ジレジウス（Angelus Silesius, 1624-1677）　16
ゼッペネン（Lauri Seppänen ）　195, 197
ゾイゼ（Heinrich Seuse, 1295/97-1366）　14-15, 22

長町裕司 *Yuji Nagamachi*

1956年生まれ。上智大学文学部哲学科卒業。上智大学大学院哲学研究科修士課程、同神学研究科修士課程修了。ミュンヘン哲学大学哲学研究科博士後期課程修了。哲学博士（ミュンヘン哲学大学）。現在、上智大学文学部哲学科教授。研究分野はドイツ近代・現代哲学と宗教哲学、とりわけキリスト教思想史におけるドイツ神秘思想及びハイデガーと現象学の展開。著書に Selbstbezüglichkeit und Habitus. Die latente Idee der Geistmetaphysik bei Thomas von Aquin, 400 S., EOS Verlag München, 1997;『人間の尊厳を問い直す』（編著、上智大学出版）、『宗教的共生と科学』『宗教的共生の展開』『宗教的共生の思想』（いずれも共著、教友社）、『ライプニッツ読本』（共著、法政大学出版局）など多数。

エックハルト〈と〉ドイツ神秘思想の開基

マイスター・ディートリッヒからマイスター・エックハルトへ

2017年2月25日　第1刷発行

著者――――――長町裕司
発行者――――――澤畑吉和
発行所――――――株式会社 **春秋社**
〒101-0021 東京都千代田区外神田2-18-6
電話 03-3255-9611
振替 00180-6-24861
http://www.shunjusha.co.jp/
印刷・製本――――萩原印刷 株式会社
装丁――――――本田　進

Copyright © 2017 by Yuji Nagamachi
Printed in Japan, Shunjusha
ISBN978-4-393-32368-7
定価はカバー等に表示してあります